Carreira
Planejamento e gestão

Carreira: planejamento e gestão
© 2011, 2015 Cengage Learning.
Todos os direitos reservados.

Direitos desta edição reservados ao
Serviço Nacional de Aprendizagem
Comercial – Administração Regional do
Rio de Janeiro.

Vedada, nos termos da lei, a reprodução
total ou parcial deste livro.

SISTEMA FECOMÉRCIO-RJ
SENAC RIO DE JANEIRO

Presidente do Conselho Regional
Orlando Diniz
Diretor-Geral do Senac Rio de Janeiro
Eduardo Diniz
Conselho Editorial
Eduardo Diniz, Ana Paula Alfredo,
Marcelo Loureiro, Wilma Freitas,
Manuel Vieira e Karine Fajardo

Editora Senac Rio de Janeiro
Rua Pompeu Loureiro, 45/11º andar
Copacabana – Rio de Janeiro
CEP: 22061-000 – RJ
comercial.editora@rj.senac.br
editora@rj.senac.br
www.rj.senac.br/editora

Publisher
Manuel Vieira
Editora
Karine Fajardo
Produção editorial
Camila Simas, Cláudia Amorim,
Jacqueline Gutierrez e Roberta Santiago
Revisão Cecilia Setubal

Impressão: Bartira Gráfica e Editora S.A.

2ª edição: dezembro de 2013

Dados Internacionais de Catalogação na Publicação (CIP)
(Câmara Brasileira do Livro, SP, Brasil)

```
Rosa, José Antônio
   Carreira : planejamento e gestão / José Antônio
Rosa. -- 2. ed. -- São Paulo : Cengage Learning ;
Rio de Janeiro : Editora Senac Rio de Janeiro, 2013.
-- (Série profissional)

   ISBN 978-85-221-1652-2 (Cengage Learning)

   1. Carreira profissional - Desenvolvimento
2. Competência 3. Educação profissional - Brasil
4. Marketing 5. Qualificação profissional -
Administração 6. Sucesso profissional I. Título.
II. Série.


13-12639                                    CDD-658.4093
```

Índices para catálogo sistemático:
1. Carreira : Sucesso profissional : Administração
   658.4093

Carreira
Planejamento e gestão

José Antônio Rosa

2ª edição

Carreira: planejamento e gestão – 2ª edição

José Antônio Rosa

Gerente editorial: Patricia La Rosa

Supervisora editorial: Noelma Brocanelli

Supervisora de produção gráfica: Fabiana Albuquerque Alencar

Editora de desenvolvimento: Viviane Akemi Uemura

Revisão: Maria Dolores D. S. Mata e Clene Salles

Diagramação: PC Editorial

Capa: Eduardo Bertolini e Edison Rizzato

Imagem da capa: Brian A. Jackson / IStock by Getty Images

Editora de direitos de aquisição e iconografia: Vivian Rosa

Analista de conteúdo e pesquisa: Javier Muniain

© 2011, 2015 Cengage Learning.
Todos os direitos reservados

Todos os direitos reservados. Nenhuma parte deste livro poderá ser reproduzida, sejam quais forem os meios empregados, sem a permissão, por escrito, das editoras. Aos infratores aplicam-se as sanções previstas nos artigos 102, 104, 106 e 107 da Lei nº 9.610, de 19 de fevereiro de 1998.

Estas editoras empenharam-se em contatar os responsáveis pelos direitos autorais de todas as imagens e de outros materiais utilizados neste livro. Se porventura for constatada a omissão involuntária na identificação de algum deles, dispomo-nos a efetuar, futuramente, os possíveis acertos.

As editoras não se responsabilizam pelo funcionamento dos links contidos neste livro que possam estar suspensos.

Para informações sobre nossos produtos, entre em contato pelo telefone **0800 11 19 39**.

Para permissão de uso de material desta obra, envie seu pedido para **direitosautorais@cengage.com**.

© 2011, 2015 Cengage Learning.
Todos os direitos reservados.

ISBN-13: 978-85-221-1652-2

Cengage Learning
Condomínio E-Business Park
Rua Werner Siemens, 111 – Prédio 20
Espaço 4 – Lapa de Baixo
CEP 05069-900 – São Paulo – SP
Tel.: (11) 3665-9900 – Fax: (11) 3665-9901
SAC: 0800 11 19 39

Para suas soluções de curso e aprendizado, visite www.cengage.com.br.

Impresso no Brasil.
Printed in Brazil.
1 2 3   11 12 13

Sumário

Sobre o autor vii
Introdução 1
Fatores de sucesso pessoal 5
O que é estratégia de carreira 13
Autoconhecimento e avaliação do próprio potencial 21
Acompanhamento dos acontecimentos e tendências 35
Tomando decisões de carreira 45
Erros típicos na condução da carreira 51
Aproveitando as oportunidades 61
Defesa contra as ameaças 65
Desenvolvimento pessoal e profissional 73
Uso inteligente dos recursos próprios 83
Opção entre emprego ou atividade por conta própria 89
Buscando emprego 99
Buscando trabalho 109
Controle das emoções e avanço na carreira 115
Incorporando a ética e a etiqueta na vida profissional 123
Cuidados com a imagem 129
Promovendo-se 137
Divirta-se enquanto trabalha 143

Sobre o autor

José Antônio Rosa trabalha com recursos humanos desde 1974, com gestão de pessoas, administração e negócios desde 1977, com educação (docência em pós-graduação) desde 1990 e com *coaching* de pessoas em transição de carreira desde 1998. Na década de 1980 foi consultor de pequenos negócios do Sebrae e do Senac. É bacharel em Jornalismo, mestre em Administração e doutor em Ciências da Comunicação e tem mais de 30 livros publicados nas áreas de Comunicação, Administração e Carreiras.

Introdução

Atente para as cinco afirmações abaixo:

> - O sucesso depende mais da sorte que do esforço.
> - Uma pessoa realmente empenhada alcança o que almeja.
> - Ninguém consegue atingir o sucesso sem QI.[1]
> - Ter um negócio próprio é o melhor caminho para a realização financeira.
> - Talento é fundamental para o sucesso.

Você concorda com todas ou com algumas delas? Então, saiba que tanto faz concordar ou discordar, pois em qualquer hipótese poderá estar certo ou errado. Essas afirmações são absurdamente simplificadoras e não querem dizer nada. Vejamos.

O sucesso depende mais da sorte que do esforço. Às vezes sim, às vezes não. Desde os antigos pensadores já se percebeu o óbvio: *fortuna* (sorte – boa ou má – acaso, oportunidade) e *virtu* (virtude, qualidades pessoais) afetam nossa vida. Olhando para as pessoas de sucesso, vemos que algumas tiveram mais sorte que talento ou esforço, outras tiveram mais talento e esforço que sorte. Diferentes combinações são possíveis. No entanto, é fundamental perceber que fortuna ou sorte não é característica ou qualidade da pessoa: é acontecimento.

---

1. QI aqui não quer dizer "quociente de inteligência", mas, sim, "quem indica", como no trocadilho tão popular no país.

Uma pessoa realmente empenhada alcança o que almeja. Essa afirmação frequentemente tem um cunho moralista. É uma forma de estimular a pessoa a esforçar-se para ter a recompensa e, ao mesmo tempo, um modo de dizer que, se a pessoa não atingiu a realização, foi porque não se esforçou o suficiente. Nela, há o sonho de que a vida seja justa, que premie os esforçados e castigue os preguiçosos. E, no entanto, é óbvio que a vida não tem nenhum compromisso com a justiça, e o empenho não é garantia de realização.

Ninguém consegue atingir sucesso sem QI. Muitas vezes, essa frase é fatalista e tenta estabelecer que se a pessoa não nasceu na família certa ou se não tiver os amigos certos ela não chegará a lugar nenhum. Por que se esforçar? Por que estudar? Para que talento e qualificação? Tudo depende de boas relações, de QI. Visão exageradamente simplificadora, que induz à acomodação. Com frequência, essa visão simplista é uma espécie de justificativa ressentida, uma desculpa da pessoa que tem expectativas de realização exageradas e que realizou muito pouco do que se julga capaz. Relacionamentos, evidentemente, podem dar uma ajuda e tanto na carreira de alguém. Todavia, perceba: eles podem ser construídos, buscados de modo inteligente pela pessoa que percebe que são importantes. Já o troglodita mal-humorado que fica trancado em casa, sem abrir-se para o mundo, evidentemente, não receberá muitas oportunidades.

Ter um negócio próprio é o melhor caminho para a realização financeira. Basta dar uma conferida na lista dos mais ricos para perceber como essa afirmação é errônea. O patrimônio pessoal vem de várias origens: empregos, atividades autônomas, negócios, investimentos no mercado de capitais, investimentos imobiliários, aluguéis etc. Na verdade, o melhor caminho, genericamente, não existe. Existem, isto sim, caminhos acertados para esta ou aquela pessoa, nesta ou naquela circunstância.

Talento é fundamental para o sucesso. Fundamental? Bem, por esse critério só os realmente bons chegariam lá. Eis aí outra frase por demais simplificadora. Por esse critério todos os que atingem o sucesso seriam talentosos – e isso é risível! Muita gente chegou lá com arsenal de talento bem modesto, obviamente.

Em síntese, quando a questão é sucesso, que é um assunto de interesse geral, a discussão muitas vezes é confusa e desorientadora, pois as pessoas não conseguem nem mesmo definir os termos. Por exemplo: o que é sorte? Cada um define a sorte sob um ângulo diferente e, então, um diz que a sorte existe enquanto outro diz que não. O mesmo ocorre com as palavras sucesso, relacionamentos, trabalho etc.

Além disso, como mencionado, as pessoas desenvolvem visões simplistas sobre o que leva ao sucesso na carreira. Daí surgem inúmeras receitas diferentes, com frequência contraditórias. Algumas delas são criadas e apresentadas por pessoas que atingiram grande realização, mas não têm qualificação para explicar o próprio sucesso. O fato de ter chegado lá não habilita a pessoa a entender as razões que as levaram ao topo. A vaidade pessoal, as crenças religiosas, as superstições, a ignorância propriamente dita podem levar a explicações pobres e inadequadas sobre as causas do sucesso.

O problema é que essas visões simplistas acabam orientando erroneamente as decisões de carreira de muitos, que assim afastam-se de seus objetivos.

Aparentemente as pessoas poderiam ter bons conhecimentos sobre o assunto, pois o planejamento de carreira é tema de grande interesse nos dias de hoje. Na TV, no rádio, nos jornais e revistas, nos livros, na internet, em palestras com os mais variados enfoques, vamos encontrar uma significativa massa de informações sobre desempenho, carreira e sucesso. Há orientação para os profissionais em início de carreira, para aqueles que já caminharam alguns anos e também para aqueles que estão próximos da aposentadoria. Ocorre que essa massa de informações é mais uma fonte de confusão, pois o que é realmente importante, o que é verdade, o que é útil entre as tantas ideias que estão à disposição? Muitos se sentem perdidos, com razão.

Por fim, para complicar mais, muitas vezes os entrevistados, palestrantes, professores e até orientadores de carreira não falam certas verdades duras, pois querem ficar bem com suas plateias. Por exemplo, ninguém vai dizer que o jovem formado em uma faculdade popular terá o acesso dificultado aos melhores empregos das grandes corporações. Ora, mas essa é uma informação importante e que deverá ser considerada nas decisões de carreira desse jovem. Em tempos de busca do politicamente correto, muitos discursos são enganadores e levam a fantasias que efetivamente atrapalham as escolhas da carreira.

Por outro lado, como as economias contemporâneas são complexas – e é nelas que as carreiras se desenvolvem –, faz sentido preocupar-se com a questão, buscar informação sobre ela, discuti-la. O interesse pelo assunto é legítimo e sensato; primeiro, porque as pessoas querem atingir a máxima realização no trabalho. Segundo, porque elas percebem que, para atingir essa máxima realização, é necessário mais que boa vontade e sorte. O mundo atual traz oportunidades de crescimento e realização para todos, mas apresenta desafios a serem superados para que essa condição ideal aconteça.

Eis por que escrevi o presente livro. Com ele pretendo contribuir para uma discussão sobre questões relacionadas às decisões profissionais, carreiras e busca da realização no trabalho e na vida. Pretendo que esta minha contribuição passe pelo teste das três peneiras: que minhas palavras sejam úteis, verdadeiras e pautadas pela bondade, pelo genuíno interesse em ajudar quem precisa.

De onde vêm as ideias aqui apresentadas? Trabalho com recursos humanos desde 1974; com gestão de pessoas, administração e negócios desde 1977; com educação (docência em pós-graduação) desde 1990; e com *coaching* de pessoas em transição de carreira desde 1998. Na década de 1980 atuei como consultor de pequenos negócios do Sebrae e do Senac. Em decorrência dessas atividades, todas relacionadas diretamente com a gestão de carreiras, li bastante sobre o assunto, conversei com muita gente, acompanhei sucessos e fracassos. Principalmente, aprendi muito com a prática, possivelmente o melhor jeito de aprender, pois, citando Camões, há muito que "não se aprende, Senhor, na fantasia, sonhando, imaginando ou estudando, senão vendo, tratando e pelejando".[2]

Procurei escrever o livro em capítulos curtos, todos em torno da questão da estratégia de carreira, sua concepção e execução. Assim, o leitor poderá ler aos poucos, na ordem que desejar.

Espero que a leitura seja agradável e proveitosa.

---

2. CAMÕES, Luís Vaz de. Os Lusíadas. Canto X. *Biblioteca Virtual do Estudante Brasileiro*. Disponível em: <http://www.dominiopublico.gov.br/download/texto/bv000162.pdf>. Acesso em: 14 nov. 2013.

Fatores de sucesso pessoal

→ O QUE É SUCESSO

Salvo as exceções patológicas, em alguns aspectos todos os homens são iguais: todos querem sobreviver, obter reconhecimento e atingir a felicidade. Em alguns aspectos, nem todos os homens são iguais uns aos outros: há variações e coincidências em gostos, valores, visões de mundo etc. E em outra variedade de aspectos, todos os homens são diferentes dos demais: cada um é único. Conforme expressaram os pesquisadores C. Kluckhohn e H. A. Murray: "Todo homem é, sob certos aspectos, (a) como todos os outros homens, (b) como alguns outros homens, (c) como nenhum outro homem."[1]

Considerando esse prisma, o que é sucesso?

Há um ângulo do sucesso que é definido em termos geralmente universais: grandes realizações, fama, poder, dinheiro. Há outro que tem definição restrita a grupos: desempenho científico de valor, desenvoltura como violonista, bons resultados como executivo. Algumas pessoas que atingem o sucesso no âmbito restrito também podem chegar ao sucesso no âmbito universal, naturalmente.

O sucesso no âmbito universal ou de grupo não está ao alcance de todos. Poderão existir requisitos como talento ou nível de inteligência elevado, como é o caso do desempenho artístico ou científico

---

1. ALLPORT, G. W. *Personalidade*. São Paulo: Edusp, 1974.

de alto valor. Ou, quando não há tais requisitos, grandes realizações podem ser decorrentes de sorte (o que inclui uma trajetória de vida específica que facilitou a ascensão). É o caso de uma pessoa que, não tendo nenhum talento ou qualificação especial, chega a um alto cargo político ou vira uma "celebridade" da TV.

Por fim, há o sucesso no âmbito individual. O profissional sonhava em deixar as funções executivas e transformar-se em docente – ao atingir essa meta e consolidar-se na nova carreira, alcançou o sucesso. Em princípio este é o único e verdadeiro sucesso: o que faz sentido no âmbito individual.

Nada impede, por exemplo, que uma pessoa almeje grandes realizações na política, nos negócios ou na arte. Caso suas aspirações sejam sensatas e viáveis, se houver uma definição pessoal e consciente das metas e elas sejam concretizadas, há sucesso no âmbito pessoal e também no âmbito universal. Por outro lado, se a pessoa atinge grandes realizações – fama, dinheiro – mas não era isso exatamente o que ela queria, não há sucesso.

Algumas pessoas definem para si mesmas metas inatingíveis ou de realização pouco provável. Por exemplo: ela deseja intensamente consagrar-se como compositor, mas não tem o talento requerido, ou como cientista, mas não tem o nível de inteligência adequado. Os esforços para atingir o sucesso inviável resultarão em frustração e decepção.

É fundamental estabelecer que, havendo uma patologia, não se pode falar em sucesso. Não são consideradas bem-sucedidas as realizações decorrentes dos estados alterados de consciência, do domínio por paixões alucinadas, da visão destorcida da realidade, do crime. Sucesso verdadeiro pressupõe um indivíduo consciente e equilibrado inserido positivamente na sociedade.

■ Visão geral dos fatores de sucesso

Por que as pessoas se diferenciam umas das outras em realizações: umas vão mais longe, outras menos? Inicialmente (o assunto é recorrente em todo o livro, com acréscimos e enfoques de outros ângulos) podemos dizer que há a interferência de quatro grupos de fatores: capacidade, estratégia, desempenho e sorte.

Figura 1 Fatores de Sucesso

■ Capacidade

Capacidade é o conjunto das qualificações pessoais. Aqui estão o talento, a qualificação intelectual e a qualificação emocional. Seja para atingir o sucesso no âmbito individual, seja para chegar às realizações no âmbito grupal ou universal, sempre há interferência, em alguma medida, da capacidade.

Todos têm capacidade para atingir o sucesso? Se falarmos sobre sucesso no âmbito universal ou de grupo, a resposta é um sonoro não, mas, no âmbito do indivíduo, é sim. Muitas pessoas que não têm fama, dinheiro, poder, que não lograram realizar nada de destaque na arte ou ciência, têm uma vida equilibrada, harmônica e feliz. São pessoas de sucesso.

Podemos dizer que, no âmbito individual, o sucesso deveria estar ao alcance de todos. E está – ao alcance de *todos os sensatos*. A pessoa que tem a sensatez para perceber o tamanho de sua própria capacidade, suas limitações, e sonha com realizações à altura disso, é sensata. Ela, sim, pode até fazer um esforço permanente para ampliar sua capacidade, mas não tem visão delirante de si mesma e não sonha com realizações inatingíveis.

■ Estratégia

As estratégias adotadas no percurso da carreira também têm um peso significativo. A estratégia é um conjunto de decisões, a escolha de caminhos por meio dos quais a pessoa tentará atingir suas metas. Ela lida sempre com a incerteza – não se pode ter certeza absoluta previamente sobre qual caminho será melhor. Assim, mesmo a pessoa capaz poderá cometer erros em suas opções. Eis algumas escolhas que terão forte impacto sobre as realizações, principalmente no âmbito da carreira: da profissão, da empresa para trabalhar, de parceiros etc. Estratégias bem formuladas ampliam a probabilidade de sucesso.

■ Desempenho

O desempenho no trabalho é igualmente importante. Quanto a pessoa trabalha? Para quem deseja ser concertista de piano, há uma grande diferença entre aquele que estuda quatro e o que estuda oito horas por dia. O mesmo podemos dizer do empreendedor que trabalha mais horas. Guardadas outras condições pessoais e ambientais, ele tende a ir mais longe que o colega menos afeito ao trabalho. Além da quantidade de horas trabalhadas, há o empenho em buscar a qualidade: a pessoa não só trabalha na realização das tarefas em si, mas trabalha na sua própria mudança pessoal – ela se esforça permanentemente para tornar-se melhor, mais eficaz.

Por fim, bom desempenho não pode ficar restrito às tarefas, mas tem de se estender ao campo das relações; afinal, as pessoas trabalham para o mercado e precisam de parcerias. De modo geral, então, podemos dizer que a probabilidade de sucesso aumenta na proporção da qualidade e quantidade de esforço voltado para as metas, no âmbito profissional e social.

■ Sorte

Por fim, de um jeito ou de outro, a sorte sempre interfere. Sorte aqui não quer dizer qualidade pessoal, pois, evidentemente, nesse sentido ela não existe. Quer dizer interferência de fatores externos à pessoa, fora de seu controle, que a favoreçam – ou atrapalhem. Coisas que o mundo traz de graça para alguns e que facilitam bastante as realizações: herança, chegar no momento certo, conhecer a pessoa certa, entrar na empresa certa, envolver-se em acontecimento favorável. Ou a má sorte, que eventualmente tira alguém da trajetória vitoriosa.

Eis uma fonte de razoável confusão: algumas pessoas parecem receber mais da vida – e, com frequência, os outros acham que elas têm mais sorte. Eventualmente é verdade que uma ou outra pessoa coincidentemente tenha recebido mais dádivas, assim como já se registram casos de indivíduos que foram vitimados por raios mais de uma vez. Quando se trata de eventos de sorte propriamente ditos, tudo é aleatório.

Entretanto, há pessoas que *parecem* ter sorte (que não existe como qualidade), mas, na verdade, elas têm qualidades ou atributos que atraem bons resultados. Por exemplo:

- simpatia;
- posição social privilegiada;
- beleza;
- capacidade de identificar (e agarrar no tempo certo) boas oportunidades trazidas pela vida;
- inteligência emocional; e
- capacidade de trabalho.

Pode ser também que as pessoas recebam mais dádivas da vida porque são mais atuantes – e o agir, por si, cria oportunidades. Thomas Jefferson disse "eu percebo que quanto mais duro eu trabalho, mais sorte pareço ter". Evidentemente, fazendo o correto, quanto mais a pessoa trabalha, mais tende a atrair resultados positivos, porque faz mais contatos, propaga uma imagem melhor, aprende mais e percebe mais.

Na mesma linha de raciocínio, há pessoas que parecem ter azar, mas, de fato, elas têm características que "chamam" problemas, como:

- negligência;
- desleixo;
- propensão a conflitos;
- companhia de gente problemática; e
- descontrole emocional.

→ **A COMPOSIÇÃO**

Na realidade o que leva ao sucesso maior ou menor não são fatores isolados, mas os fatores combinados. Por exemplo, o esforço intensivo partindo de uma pessoa com maior competência certamente resultará em maior produtividade que o mesmo esforço feito por pessoa menos capaz. Por outro lado, um lance de sorte provavelmente trará mais frutos para aquele que trabalha mais. Uma boa estratégia, por sua vez, com um desempenho sofrível, poderá trazer resultados aquém dos esperados.

→ ADMINISTRAR É PRECISO

O indivíduo nasce com uma herança física, social, intelectual e emocional. No jogo da vida recebe dádivas ou adversidades. Entra, com variáveis graus de consciência, em uma trajetória que se transforma em um histórico que trará necessariamente alguns condicionantes. Uma parte daquilo que chamamos sucesso dependerá da pessoa e outra parte não dependerá. Na parte que depende dela, poderá fazer bem mais por si mesma se buscar administrar de forma inteligente sua vida e carreira. Decisões refletidas e conscientes, atenção para com seus recursos e ativos, trabalho eficiente e direcionado, essas coisas da boa administração não são garantias, mas seguramente ampliam sobremaneira a probabilidade de sucesso.

→ SEM ARROGÂNCIA OU AUTOCOMISERAÇÃO

Algumas pessoas chegam a maiores realizações que outras. O maior sucesso não ocorre necessariamente para os mais qualificados ou mais esforçados. A vida não está comprometida com o senso de justiça perfeita. Tampouco é certo que o maior sucesso virá para aquele que tem a melhor estratégia. Eventualmente os menos elegíveis, os menos merecedores ou os que não têm as melhores decisões chegarão na frente. Por quê?

Assim já o explicou Esopo, sábio grego da Antiguidade, que viveu provavelmente entre 620 e 560 a.C., e é considerado o criador da fábula como gênero literário.[2] Uma de suas fábulas diz que um camelo

---

2. ESOPO. *Fábulas de Esopo*. Porto Alegre: L&Pm, 1997.

atravessava o rio e defecou, vendo então suas fezes passar à sua frente, impulsionadas pela correnteza. Como pode algo de menor valor passar à frente de algo de maior valor? A resposta é simples: é o rio. Este representa a vida, que tem leis que não se harmonizam necessariamente com uma visão "lógica".

A pessoa que não compreende isso ou reluta em aceitá-lo costuma desenvolver pensamentos perniciosos, que vão em duas direções:

> - A crença de que, se não conseguiu o sucesso almejado, isso necessariamente decorreu de incompetência pessoal. Fatores adversos atrapalham, às vezes significativamente, mesmo o mais capaz e empenhado. Ser profissional, empenhar-se, procurar fazer o certo é bom, mas pensar que se é Deus, que se pode ter absoluto controle das coisas, é infantilidade. Nem tudo está sob controle.
> - A crença de que se chegou a um maior sucesso é porque se tem "carisma" ou se é melhor que os demais. Besteira pura. Muitos chegam lá por "empurrão" de outros ou meramente por sorte.

A primeira crença conduz muitos à baixa na autoestima, à sensação de inferioridade, à autocomiseração, a dó de si mesmo, a atitudes que não se justificam de modo algum. Esses sentimentos negativos em relação a si doem e atrapalham, porque solapam o entusiasmo e a motivação. Logo, se você não atingiu o sucesso conforme o pretendido, não se diminua, não se culpe, não se desqualifique. Simplesmente aceite o fato, mantenha o entusiasmo e siga em frente, cuidando de seu crescimento.

A segunda crença, por sua vez, leva à arrogância, que derruba muitos do pedestal ou, quando não derruba, os transforma em idiotas bem situados, figuras risíveis para os sensatos, fantoches enamorados de si mesmos. Se você teve um sucesso significativo, tenha a humildade de fazer um levantamento preciso e facilmente verá quanta ajuda teve para chegar lá! Agradeça e não se julgue melhor que os outros.

O que é estratégia de carreira

A palavra estratégia é usada em diferentes contextos, muitas vezes com sentidos bem distintos. É importante estabelecer com precisão do que ela trata. Em primeiro lugar, é fundamental compreender que vem do grego *stratègós* e quer dizer a arte do general. Então, aplica-se em situação de conflito e incerteza, quando não se tem nenhuma segurança de que os próprios objetivos serão atingidos. Assim é na guerra, na qual há forças adversas, e em qualquer tipo de jogo (que simula situações de conflito) em que os adversários disputam.

Em segundo lugar, a estratégia não é o conflito ou o jogo em si: usualmente ela vem antes disso. Estratégia é pensamento. Na iminência da guerra ou antes de iniciar o jogo, alguém busca informações, pensa e decide o que se deve fazer, para aumentar as chances da vitória. A estratégia é estabelecida, pois, antes da ação ou é alterada quando há uma pausa para pensar, no meio do conflito ou do jogo.

Podemos dizer[1] então que estratégia é um conjunto de *decisões* que são tomadas com a finalidade de garantir a realização dos objetivos em condições de incerteza e risco. Antes de tomar essas decisões, os estrategistas buscam e avaliam as informações que poderão indicar quais são as melhores alternativas de ação.

Resumindo, estratégia *é pensar sobre a situação e decidir o que fazer*, como na Figura 1.

---

1. STEINER, George A. *Política e estratégia administrativa*. São Paulo: Edusp, 1981.

Figura 1 Estratégia: Pensar e Decidir

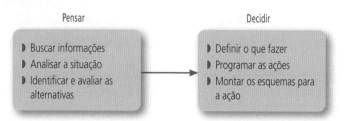

→ ESTRATÉGIA DE CARREIRA

Só um ingênuo tem certeza de que seus sonhos ou objetivos serão realizados. Pode-se ter convicção, esperança, mas certeza nunca, pois isso não depende apenas do desejo. Aquela afirmação apresentada na introdução (*Uma pessoa realmente empenhada alcança o que almeja*) é, no mínimo, ingênua. Todas as pessoas têm sonhos ou objetivos e algumas buscam realmente realizá-los, mas fatores adversos podem impedir que isso aconteça.

Na carreira, na guerra, nos jogos ou nos negócios, há incerteza e risco. Para ampliar a probabilidade de que os objetivos sejam atingidos, apesar da incerteza e risco, é que se torna necessária uma boa estratégia. Em qualquer cenário, a estratégia é *pensar* sobre a situação e *decidir* o que fazer.

→ QUESTÕES CRÍTICAS PARA PENSAR

No planejamento empresarial, já se consagrou a fórmula SWOT[2] para as reflexões que precedem a tomada de decisões estratégicas. Proveniente de uma estrutura de análise militar milenar, remanescente a Sun Tzu, que escreveu *A arte da guerra*, a análise SWOT orienta o estrategista a considerar quatro campos de análise antes de decidir, conforme apresentado na Figura 2.

---

2. Essa fórmula é atribuída a Albert Humphrey, da Stanford University, que a teria sugerido na década de 1960.

O termo deriva das iniciais, em inglês, das palavras *Strengths* (Forças), *Weaknesses* (Fraquezas), *Opportunities* (Oportunidades) e *Threats* (Ameaças). Forças e fraquezas são característica (no caso, positivas ou negativas) da organização ou do exército ou até mesmo do indivíduo. Oportunidades e ameaças são eventos, situações ou contingências provenientes do meio, do ambiente; portanto, estão fora do controle da organização.

No caso de uma empresa, por exemplo: *forças* poderiam ser a sua marca, se esta for reconhecida, seu quadro técnico, se fosse excelente; *fraquezas* poderiam ser uma localização inadequada, um custo elevado, caso esses fatores estivessem presentes. *Oportunidade* para uma empresa poderia ser um crescimento do mercado e aumento da demanda, o enfraquecimento de um concorrente; *ameaça*, por outro lado, poderia ser uma nova tecnologia que tornaria os produtos da empresa obsoletos.

Figura 2 Análise SWOT

Forças (*Strengths*), Fraquezas (*Weaknesses*), Oportunidades (*Opportunities*) e Ameaças (*Threats*)

	Forças (*Strengths*)	Fraquezas (*Weaknesses*)
Fatores Internos Aqueles que dizem respeito à organização, a nós.		
	Oportunidades (*Opportunities*)	Ameaças (*Threats*)
Fatores Externos Aqueles que vêm de fora, do ambiente, algo que não está sob o nosso controle.		

No planejamento empresarial, houve um enriquecimento da análise SWOT, com a identificação ampla das variáveis internas e externas que afetam a organização. Atualmente, uma empresa consegue reconhecer e monitorar com alta dose de precisão as variáveis que poderão afetá-la positiva ou negativamente, por meio de modelos mais sofisticados e completos de análise. No entanto, a espinha dorsal continua sendo o SWOT.

→ O QUE CONSIDERAR PARA TOMAR DECISÕES DE CARREIRA

No que diz respeito à estratégia de carreira, que informações são relevantes para uma pessoa? Que itens de análise devem ser considerados antes de tomar suas decisões? O indivíduo deve buscar informações para fazer uma análise SWOT pessoal, ou seja, para identificar suas forças, fraquezas e também as ameaças ou oportunidades que o mercado trará para ele.

■ Questões relacionadas aos objetivos e ao potencial

Em primeiro lugar, a pessoa deve considerar o que ela quer. O objetivo da gestão da carreira é trazer realização e felicidade, então, é evidente que o primeiro ponto relevante é descobrir o que isso quer dizer numa perspectiva pessoal. Se a pessoa souber bem o que efetivamente quer, poderá dirigir-se para o rumo certo; caso contrário, qualquer esforço poderá ser vão, pois a pessoa pode "chegar lá", aonde não queria.

Em segundo lugar, o indivíduo deve avaliar o seu potencial. Isto é: encontrar suas forças e fraquezas em relação aos objetivos almejados. Uma visão errônea do próprio potencial poderá levar a decisões equivocadas, que resultarão em frustração e decepção. Se a pessoa superestimar seu potencial, por exemplo, julgando que tem um talento que na verdade não tem, ela poderá fazer um esforço infrutífero para realizar algo que está além de sua qualificação. Na carreira, essa ilusão, muito comum, custa caro. Por outro lado, se ela subestimar seu potencial, tenderá a buscar feitos aquém do que poderia realizar, "desperdiçando" talento, recursos e potencial.

O próximo capítulo tratará mais detalhadamente desse autoconhecimento e da identificação do potencial.

■ Questões relacionadas ao ambiente

Dois indivíduos com objetivos similares, com igual potencial e fazendo esforço idêntico chegarão a resultados completamente diferentes em suas carreiras. Isso ocorre, evidentemente, porque o ambiente de cada um é diferente, assim como os eventos e as circunstâncias incidentes sobre suas carreiras. O mundo traz para cada pessoa um conjunto específico de oportunidades e ameaças. Aquilo que é ameaça para determinada pessoa poderá ser oportunidade para outra.

A pessoa cônscia faz um acompanhamento de tudo que está acontecendo à sua volta, para identificar fatores positivos ou negativos que poderão afetar sua carreira. Transformações no mundo do emprego, da tecnologia e das demandas sociais serão críticas.

Adiante, há um capítulo sobre o acompanhamento de acontecimentos e tendências.

Figura 3 Análise SWOT Pessoal

	Forças (*Strengths*)	Fraquezas (*Weaknesses*)
Análise do próprio potencial	Características e situações pessoais que facilitarão a realização dos objetivos de carreira	Características e situações pessoais que dificultarão a realização dos objetivos de carreira
	Oportunidades (*Opportunities*)	Ameaças (*Threats*)
Análise do ambiente – situação atual e tendências	Situações ou eventos do ambiente (mercado) que facilitarão a realização dos objetivos de carreira	Situações ou eventos do ambiente (mercado) que dificultarão a realização dos objetivos de carreira

→ DECISÕES CRÍTICAS DA CARREIRA

Dissemos que estratégia é um conjunto de decisões. Quais? No mundo empresarial, as decisões estratégicas são aquelas que dizem respeito à organização como um todo, que afetarão seu futuro e são suficientemente importantes a ponto de poder levá-la à glória ou ao fracasso. Incluem-se em quatro grandes grupos: missão, objetivos, estratégias e planos operacionais:

Missão é uma espécie de objetivo maior de uma empresa. Diz respeito ao que ela *pretende ser*, qual será sua identidade, que produtos ou serviços pretende oferecer ao mercado, em que condições, com que propostas fundamentais de valor. Empresas que não são claras quanto a isso perdem o foco, perdem energia e a reputação.

Na carreira, o conceito de missão também é de extrema relevância. Pessoas que não sabem o que desejam ser, que hesitam entre uma atividade e outra, bem como não adquirem experiência ou reputação em uma área levam desvantagem. Quanto mais cedo a pessoa conseguir identificar o que realmente quer fazer, tanto melhor.

Objetivos indicam *o que* a organização deseja atingir, dentro de sua missão. Caso se proponha a atingir metas excessivamente desafiadoras, se poderá ter problemas. Por exemplo, a empresa decide crescer por meio da compra de outras organizações, mas suas reservas financeiras atuais estão muito baixas. Esse crescimento fora de hora poderá conduzi-la à falência.

Igualmente na carreira a definição dos objetivos terá grande importância. Objetivos equivocados levam a desvios, perda de recursos e esforços. Pessoas mais eficientes são aquelas que sabem com maior clareza aonde querem chegar.

Estratégias indicam *como* a empresa pretende atingir seus objetivos. Por exemplo, um supermercado quer entrar em uma região em que não atua ainda. Para atingir tal meta, poderá optar por uma entre duas estratégias possíveis: a) abrir uma loja nesse mercado; e b) comprar um concorrente que nele atua.

Também na área de carreira muitas alternativas apresentam-se após a definição de cada objetivo. Por exemplo, a pessoa está empenhada em melhorar seu nível de renda, pois o acha incompatível com suas expectativas. Poderá fazê-lo por diferentes caminhos: conseguindo uma promoção, mudando de emprego, fazendo um "bico". Poderá escolher um caminho errado: aquele que leva, por exemplo, à realização imediata do objetivo, mas afasta a pessoa de sua missão. A curto prazo ela resolve, mas a longo prazo deixa de realizar o que almejava. É necessário pensar bem antes de uma decisão estratégica.

Planos operacionais indicam quem vai fazer *o que* e *quando* para que a estratégia seja executada. Por exemplo, a empresa tem o objetivo de crescer; para isso, adota a estratégia de comprar outras organizações; o plano operacional vai dizer quem vai identificar as que estão à venda, quem vai aproximar-se delas para oferecer propostas, quem vai negociar – quando e como tudo isso será feito. O plano operacional, então, trata de disposição dos recursos e ordenamento das atividades.

Também na carreira não adianta ficar só pensando em grandeza. É necessário desmembrar as estratégias em passos menores, fixar atividades a serem feitas, indicar quando e como deverão ser realizadas. Isso torna mais fácil a transição do pensamento para a ação. É importante lembrar que o pensamento não move nada: é a ação que o faz. Sem ação, qualquer estratégia de carreira é inútil.

Teremos um capítulo sobre decisões de carreira. Por hora, é importante perceber como fica o planejamento estratégico da carreira, conforme a Figura 4.

Figura 4 Planejamento Estratégico da Carreira

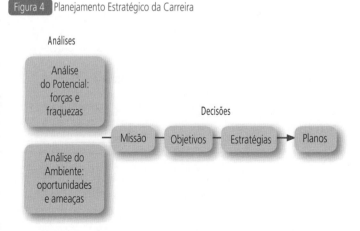

Autoconhecimento e avaliação do próprio potencial

Vamos refletir um pouco sobre algumas afirmações bastante comuns que expressam objetivos pessoais de carreira e vida:

- ➤ Vou abrir uma loja de calçados.
- ➤ Vou tornar-me palestrante.
- ➤ Pretendo chegar à gerência antes dos 30 anos.

O que há por trás dessas afirmações? Se foram feitas a sério, há muito. A primeira consideração – a que nos interessa – é que as pessoas estão expressando indiretamente uma crença em seu próprio potencial. Será que essa crença tem fundamento? Se não tiver, poderá levar as pessoas a decisões equivocadas, desastrosas.

Por exemplo, a pessoa que pretende abrir uma loja de calçados: Será que ela tem alguma experiência na área? Já testou-se como empreendedora? Ela, na verdade, está apostando em sua capacidade de competir com os outros *players* da área, incluindo empreendedores e empresas que estão há muitos anos no ramo. Além disso, está apostando também que tem jeito para comércio, que vai se dar bem como proprietária de loja.

Imaginemos agora que essa seja uma pessoa de 45 anos, que sempre trabalhou no departamento fiscal de grandes empresas. Vamos ser realistas? A probabilidade de que ela tenha tino comercial e competência específica para a área de comércio de calçados é mínima! Se tivesse de fato impulso empreendedor, esse deveria ter aflorado logo no início da vida profissional e a pessoa não teria passado tantos anos em um trabalho organizacional.

Em razão dessas ilusões básicas sobre o próprio potencial é que muitos fracassam quando tentam viver por conta própria. Agora, tudo seria diferente se esse indivíduo de 45 anos, com boa experiência em departamento fiscal, além de visão da vida empresarial e de ter imagem positiva para a área, se propusesse a ser consultor, para ajudar médias empresas. Arriscaria muito menos e teria uma probabilidade muito maior de sucesso em sua atividade por conta própria.

Vejamos o caso da pessoa que deseja tornar-se palestrante. É importante que saiba que ser palestrante não é uma questão de desejo, de intenção. Requer talento específico e raro, a capacidade de encantar as pessoas por meio da fala. Assim, o difícil não é apresentar-se como palestrante, mas conseguir ser palestrante. O palestrante de sucesso "acontece": é alguém que ao apresentar-se em público começa a ter uma forte resposta positiva das plateias, consagrando-se com o tempo. Se a pessoa deseja ser e acredita que tem talento específico, naturalmente deve testá-lo. Todavia, não pode gerenciar sua carreira com a premissa de que vai conseguir atingir essa meta desafiadora.

Se a pessoa insiste em tornar-se jogador de futebol, comediante, pintor, palestrante e não tem o talento específico diferenciado que a atividade requer, poderá prejudicar o desenvolvimento de sua carreira. Em vez de querer ser palestrante, se a pessoa tivesse inicialmente um sonho mais modesto, como o de apresentar um bom treinamento empresarial em uma área em que tem competência, tudo poderia ser diferente. Se fizer bem esse trabalho poderá evoluir dele, com o aprendizado do dia a dia, adquirindo maior potencial para "acontecer" como palestrante. Se não houver talento ou oportunidade para chegar a essa condição, provavelmente encontrará gratificação no trabalho de treinamento e viverá mais feliz, sem fantasias de sucesso.

Pretendo chegar à gerência antes dos 30 anos – diz a outra pessoa. Pode ocorrer, naturalmente, se já estiver no caminho certo. Alguns requisitos para que a meta se realize: credenciais (escolaridade, por exemplo), experiência, histórico de bons resultados, habilidade política, imagem adequada. A pessoa tem tudo isso? Se não tem, está superestimando seu potencial para esta atividade e poderá colher decepções.

→ VER-SE COM SEUS PRÓPRIOS OLHOS E COM OS DOS OUTROS

Em qualquer estratégia de carreira a pessoa deverá considerar o seu potencial. Se não tiver uma visão realista e satisfatória, ela tomará decisões equivocadas. A ideia de que todos podem tudo é falsa. Alguns indivíduos estarão impossibilitados de atuar em determinadas áreas ou terão dificuldade para fazê-lo, às vezes enormes. Vale a pena fazer um esforço enorme para tentar consolidar-se em uma área para a qual não tem o perfil ideal? Não, evidentemente. Apenas em raras exceções. Usualmente é melhor dirigir-se para atividades nas quais o perfil tenderá a levar a melhores resultados com menores esforços.

Por outro lado, muita gente desperdiça talento. Isto é, essas pessoas têm potencial para determinadas atividades, mas nunca se encaminham para elas, seja por ignorância sobre seu próprio potencial, seja por falta de autoconfiança, seja por insegurança decorrente de uma visão pessimista da vida.

É importante a pessoa aprender a enxergar-se de modo eficiente. Para isso precisa ver-se bem com os próprios olhos e também com os dos outros.

Ver-se eficientemente com os próprios olhos é:

➢ Identificar seus próprios interesses, valores e vontades.
➢ Conhecer suas qualidades fundamentais.
➢ Conhecer seus defeitos fundamentais.
➢ Perceber seus limites de inteligência, talento e motivação.

Ver-se eficientemente com os olhos dos outros é:

➢ Perceber o que os outros pensam a seu respeito.
➢ Perceber qual é o impacto de seu comportamento sobre a avaliação dos outros.

- Perceber qual é a imagem que transmite para os outros.
- Perceber quais das suas qualidades são prezadas pelos outros e quais defeitos provocam rejeição.
- Perceber em que aspecto a avaliação dos outros poderá pesar positiva ou negativamente na realização dos próprios objetivos.

A pessoa é excelente em matemática, consegue expressar em números questões complexas e chegar a um entendimento mais profundo e seguro dos processos. Ela sabe que tem essa qualificação. Entretanto, se os outros não souberem, esse talento não será valorizado e ninguém pedirá seu apoio para questões matemáticas. Ninguém a considerará candidata a um cargo que requer essa qualificação. Se a pessoa aprende a ver-se bem com os olhos dos outros, pode atuar no sentido de que aqueles tenham uma visão adequada sobre seu próprio potencial. Importantíssimo; afinal, o sucesso de qualquer um depende da ação dos outros.

→ O QUE CONSIDERAR NA AVALIAÇÃO DO PRÓPRIO POTENCIAL

Conforme já observamos, antes de formular qualquer decisão relevante de carreira é fundamental que a pessoa faça uma avaliação adequada de seu próprio potencial. Eis alguns aspectos a considerar:

■ Valores

Valores são algo em que se acredita, aquilo que se preza. Usualmente estão atrelados a um investimento emocional e indicam aprovação ou rejeição, isto é, são a favor ou contra algo. Por exemplo: os valores religiosos, os políticos etc. São formados ainda na tenra infância, nos contatos com os pais e desenvolvem-se no processo de socialização.

Nem sempre as pessoas estão conscientes sobre seus próprios valores, mas eles estão lá, em suas mentes, comandando suas ações. Muitas vezes, inclusive, a pessoa tem conflitos de valores sem se dar conta disso – e essa situação lhe causa estresse. Os valores que a pessoa assimila sem se dar conta, pela interação com familiares e acomodação ao meio social, nem sempre são condizentes com a verdadeira percepção ou vontade da pessoa.

Muita gente toma decisões de carreira, como escolha da profissão, da empresa, das rotas de desenvolvimento, sem refletir genuinamente sobre isso. Para fazer escolhas mais condizentes com seus melhores interesses, a pessoa tem de refletir sobre o que realmente faz sentido para ela, em que acredita e como gostaria de viver. Identificados seus reais valores, tem de adquirir a coragem de assumi-los e de viver de modo condizente com eles.

Um indivíduo mentalmente saudável tem alguns valores inegociáveis e outros dos quais estará disposto a abrir mão, temporária ou permanentemente, para realizar seus objetivos. Essas escolhas, se forem conscientes e refletidas, fazem parte da boa integração na vida social e não há nada errado com elas. O maior problema é não ser consciente dos próprios valores ou violentá-los nas escolhas fundamentais de carreira e vida.

■ Vontades

De que você gosta? Em que circunstâncias (lugares, pessoas e situações) sente-se mais feliz? Muitas vezes, em decorrência da acomodação ao meio, a pessoa vai deixando suas verdadeiras vontades de lado, e mais cedo ou mais tarde poderá pagar caro por isso. É fundamental manter-se em permanente processo de autoanálise, para identificar as reais vontades e interesses. Antes de formular decisões relevantes na estratégia de carreira, é bom estar consciente sobre elas.

Não há nada de errado em abrir mão temporariamente, ou até mesmo permanentemente, de uma vontade, desde que tais escolhas sejam conscientes, pensadas e produtivas sob a perspectiva do indivíduo. Na vida social é impossível realizar plenamente todas as vontades, mas negar sempre suas vontades ou nem sequer percebê-las, como muitos fazem, certamente trará consequências ruins.

■ Características físicas

Muitas profissões têm demandas específicas com relação ao físico e desconhecer isso poderia levar a decisões equivocadas. Há requisitos de qualificação física para atletas, para profissionais da segurança, para pilotos. As características físicas, como altura, peso, aparência, podem, obviamente, resultar em forças ou fraquezas para um profissional de acordo com a área de atuação ou função pretendida. Uma pessoa bonita, por exemplo, em inúmeras circunstâncias, tem vantagens evidentes – isso é um ponto forte.

■ Características intelectuais

Apresente um problema matemático para um grupo e logo se perceberá que algumas pessoas encontram muita facilidade para resolvê-lo, enquanto outras terão sérias dificuldades. Por outro lado, apresente um problema social ou linguístico e novos destaques aparecerão no mesmo grupo. É verdade que as pessoas são diferentes quanto às qualificações intelectuais,[1] e isso torna algumas melhores que outras para certas tarefas. Se alguém tem dificuldade em cálculo, é insensato insistir numa atividade para a qual a qualificação nessa área é fundamental.

■ Qualificação emocional e social

A habilidade de lidar com gente, de persuadir, de conquistar simpatia, de entender as emoções dos outros e "sintonizar-se" com eles pode ser relevante em muitas atividades. Pessoas qualificadas nessa área têm aí uma força, enquanto os menos habilitados têm uma fraqueza.[2]

■ Comportamentos

Hábitos, padrões de reação, gostos e preferências. As formas de agir de uma pessoa podem ser mais ou menos adequadas a uma profissão ou cargo. Por exemplo, uma pessoa que tem um comportamento elegante e educado tem maior empregabilidade para determinados cargos. Refino no trato social é uma força.

---

1. Essa visão combina com a tese das inteligências múltiplas, que ganhou proeminência da década de 1980 para cá, popularizada pelo psicólogo Howard Gardner, da Harvard University.
2. Isso coincide com o conceito de inteligência emocional e social, bastante antigo, que ganhou notoriedade nas últimas décadas após a publicação do *best-seller* *Inteligência emocional*, de Daniel Goleman, e de seus textos posteriores.

Por outro lado, alguém que nunca teve, por exemplo, preocupação com a forma de vestir, que se veste de modo desleixado pode projetar uma imagem inadequada para os tempos atuais. Uma fraqueza.

Do lado das fraquezas temos os vícios, as obsessões, os gostos inadequados (por exemplo, o indivíduo gosta exageradamente de fazer piadas), as reações inadequadas (explosões de raiva, por exemplo) etc. Do lado das forças, temos as virtudes, as condutas éticas e solidárias, o hábito de cooperar, as reações adequadas, como o reagir com paciência e positividade.

■ Credenciais

Posso ter elevados conhecimentos de gestão de empresas, mas se não tiver um diploma de graduação e, nos dias de hoje, um certificado de MBA – *Master in Business Administration* –, provavelmente não serei aceito na seleção para uma vaga de gerente na maioria das grandes organizações multinacionais. Exemplos de credenciais: diplomas, registros em cargos, registros de experiências formais (participação em grupos ou projetos), premiações etc. Trata-se de conquistas formais na trajetória da carreira. As credenciais também estão associadas com outros itens de análise, como a qualificação educacional ou a experiência.

■ Qualificação educacional

Atualmente, com os avanços do conhecimento e o desenvolvimento do ensino, a educação formal adquire importância sem precedentes. Dificilmente um autodidata em qualquer área estará à altura das exigências do mercado quanto a conhecimento. As organizações, para evitar erros, levam em conta sempre a qualificação educacional. Não basta a pessoa saber inglês; se ela tiver estudado formalmente em uma organização credenciada, terá mais pontos na competição para um trabalho qualquer. Esses pontos a mais muitas vezes podem fazer toda a diferença.

■ Habilidades e talentos específicos

Quase todas as atividades humanas requerem talentos e habilidades específicos. Para a maioria das funções, estes não precisam ser excessivamente elevados e distintivos. Quer dizer que a pessoa poderá, com esforço e empenho, adquiri-los, mas, se ainda não os tiver, ela perde pontos em relação a quem já os desenvolveu. Para algumas atividades, porém, há necessidade de habilidades e talentos mais raros e de difícil aquisição. Quem não os tem estará em real desvantagem, o que pode desaconselhar a seleção para a função.

■ Capital social

O meio em que a pessoa vive e as relações que ela tem habilitam-na mais ou menos para determinadas funções. Por exemplo, um indivíduo que convive na comunidade gay, por ser gay, poderá estar em melhores condições de dirigir um departamento de relações com clientes em uma agência de viagens que tem programas específicos para essa comunidade.

Já uma jovem que pertence à classe média alta tem provavelmente maior habilitação para atuar no atendimento em um serviço exclusivo para pessoas dessa classe. Nada de errado com isso. O capital social terá importância em atividades que requerem linguajar específico, conduta social diferenciada, identidade e relacionamentos de valor.

■ Recursos

Recursos humanos, materiais e financeiros podem fazer uma grande diferença na evolução da carreira. Por exemplo: uma pessoa que tem reserva para viver sem salário por um ano, na eventualidade do desemprego, poderá tomar decisões mais adequadas que aquela que não tem reserva alguma, e por isso sob menor pressão.

Alguns recursos materiais referem-se ao conforto e qualidade de vida, como uma casa para morar, e afetam indiretamente o desempenho no trabalho; outros, como um computador, um celular de boa qualidade, um automóvel, poderão relacionar-se diretamente com determinadas funções, afetando positiva ou negativamente a produtividade. Há outros recursos humanos com que se pode contar, como a ajuda de um parente.

→ BUSCA DO MAIOR CONHECIMENTO DE SI MESMO

O autoconhecimento é uma das chaves de uma vida mais realizada. Conhece-te a ti mesmo – é a frase gravada no Templo de Delfos, na Grécia antiga. Se a pessoa se conhece, ela pode governar-se melhor e dirigir-se também mais eficientemente para suas metas. Se não se conhece, não se governa nem anda na direção certa.

Todavia, conhecer-se é um grande desafio. Fatores de natureza psicológica, social e até física dificultam o autoconhecimento. A pessoa sábia, que busca o conhecimento, passa a vida ampliando a compreensão de si mesma.

Eis algumas medidas práticas que ajudam a aumentar o autoconhecimento:

Parar para refletir – Muitas pessoas vivem atormentadas pela ansiedade e jamais param para dialogar consigo mesmas. Um hábito saudável é definir um período do dia para rever as ações do dia, para investigar seus próprios sentimentos, para questionar-se e buscar em si as respostas. Outro hábito de valor é parar de tempos em tempos, fazendo uma espécie de retiro espiritual – afastar-se dos afazeres e das demandas sociais por alguns dias, para pensar livremente.

Fazer terapia – Buscar um psicólogo, por exemplo, é uma ação inteligente quando há alguma dor psíquica com a qual se tem dificuldade de lidar, mas é muito útil e eficaz também para crescimento pessoal, ampliação do autoconhecimento. Uma boa terapia pode ajudar muito a identificar melhor suas próprias forças e fraquezas, e as alternativas para remover os entraves ao seu crescimento.

Pedir opinião – Os outros, por terem uma visão "de fora", conseguem ver muitas coisas que não conseguimos perceber sobre nós mesmos. É sábio pedir a opinião de amigos, colegas de trabalho, familiares sobre nosso comportamento, nossas forças e fraquezas. Pessoas sensatas poderão ajudar-nos bastante, não só com sua visão, mas também com sua experiência.

Testes – Há muitos testes livres e facilmente obteníveis que trazem ajuda efetiva para o autoconhecimento. Há aqueles mais completos e profundos, cuja aplicação é feita por profissionais especializados, mas há outros mais simples, que poderão trazer ajuda, se usados sabiamente. Testes vocacionais aplicados por psicólogos especializados, complementados por outros recursos de psicodiagnóstico, são recomendados na fase inicial da carreira, principalmente para pessoas que estejam pouco informadas sobre seus reais interesses e tendências.

Leitura – Bons livros de psicologia ajudam a pessoa a elevar a compreensão sobre si mesma. O domínio de conceitos como o de atitude, temperamento, valores por si só facilita a reflexão e identificação de seu perfil. Há também excelentes artigos em sites especializados, além de revistas, jornais etc. O que não falta é bom material de leitura. A pessoa deve pedir ajuda, se necessário, para localizar os textos mais adequados ao seu próprio conhecimento.

→ FORÇAS E FRAQUEZAS – COMO LIDAR COM ELAS

Em síntese, todas as pessoas têm forças e fraquezas. Não são, em termos humanos e absolutos, nem melhores nem piores que as outras, mas são diferentes, e essas diferenças, em aspectos relativos, habilitam-nas mais (ou menos) para determinadas atividades. Sensato é ver a si mesmo com realismo e adotar estratégias para ir o mais longe possível com o que se é e se possui.

Depois que a pessoa faz um inventário de suas forças e fraquezas, pode tomar algumas decisões que contribuem para o melhor desenvolvimento de suas carreiras. Vejamos:

➢ Avaliando cada uma das fraquezas, a pessoa deverá decidir o que fazer com elas: eliminá-las, reduzi-las, deixá-las como estão e administrá-las.

➢ Se a fraqueza tem pouca relevância para os propósitos da carreira, é melhor não fazer nenhum esforço para reduzi-la, ou eliminá-la, e guardar os recursos e energias para aplicar em outras áreas. Administrar é uma questão de priorização, pois os recursos são sempre limitados e é necessário aplicá-los no que podem produzir melhores resultados.

➢ Se a fraqueza em questão compromete o desenvolvimento da carreira e pode ser eliminada ou reduzida com um esforço razoável, a pessoa deve buscar a eliminação ou redução. Por exemplo, a pessoa deseja crescer na vida executiva e não fala inglês. O inglês é um requisito para o crescimento no mundo corporativo e o esforço para aprender essa língua não é exagerado para a maioria das pessoas. Então, o sensato é aprendê-la o quanto antes.

➢ Se for impossível ou muito difícil eliminar ou reduzir a fraqueza ou se a pessoa, por qualquer razão, não quer buscar isso, provavelmente será sensato deixá-la como está. Nesse caso, a fraqueza deverá ser administrada por meio da busca de apoio ou da criação de um mecanismo de proteção contra seus efeitos nocivos.

➢ Busca de apoio – Pode-se pedir ou comprar ajuda de outras pessoas naquilo que se é fraco. Muitas pessoas que têm dificuldade para lidar com dinheiro e controlar seu orçamento poderão delegar essa tarefa aos cônjuges, por exemplo. A cobertura de uma fraqueza pessoal poderá ser obtida com a cooperação de um colega de trabalho, de um subordinado ou superior, de um amigo, de um familiar. A pessoa pode também comprar esse apoio – contratar alguém como funcionário, recorrer a profissionais de mercado etc. O importante é reconhecer a fraqueza e saber contar com a ajuda de outros para reduzir seus efeitos nocivos.

➢ Mecanismos de proteção – São comportamentos, sistemas, normas, usos de equipamentos que se estabelecem para evitar que uma fraqueza venha a causar prejuízos. Por exemplo, um indivíduo que não sabe cobrar o valor merecido por seu serviço pode condicionar seu comportamento para nunca dar o preço quando estiver diante do cliente; quando o cliente solicitar o preço, ele alega que precisa fazer cálculos e que passará o orçamento posteriormente. Assim, longe da pressão psicológica, poderá ter mais tranquilidade para dar o preço certo, e pode até pedir opinião de terceiros sobre isso. Por outro lado, uma pessoa que tem dificuldade em falar em público pode reduzir o tempo de sua fala (preparando-a bem) e incluir um filme ou uma animação em sua apresentação.

➢ Uma regra geral a ser considerada com relação às fraquezas é que os outros não nos avaliam pelo esforço de superação, mas, sim, pelos resultados. Assim, em vez de gastar energia e recursos na busca da melhoria, muitas vezes é mais conveniente deixar de lado essa preocupação e arranjar um jeito de contornar a fraqueza. É uma decisão estratégica que precisa ser pesada.

➢ Quanto às forças de uma pessoa, primeiro é bom lembrar que elas são o principal combustível de seu crescimento. Não se deve deixar de usá-las. A pessoa deve buscar atividades, cargos, empresas em que tais forças terão maior impacto. Muitos subutilizam seu potencial, o que é um erro.

➢ Usualmente é melhor investir no maior desenvolvimento das forças que na superação das fraquezas. Por exemplo: a pessoa é fraca em matemática, mas é muito criativa. É muito melhor buscar os meios de expandir ainda mais sua criatividade e de aplicá-la nos negócios que fazer um esforço homérico para reduzir sua fraqueza em contas. Para as desse tipo, pode-se pedir ajuda de alguém. Outro exemplo: há algumas pessoas que são grandes empreendedoras e péssimas administradoras. É melhor apostar no tino comercial e delegar a administração para gente competente na área.

→ TOLICES QUE LEVAM A ERROS

Como se diz no popular, muitas pessoas "não se enxergam", não têm a menor noção sobre quem são, quais são suas características. Julgam que são criativas quando não são, acham-se bonitas quando o espelho mostra o contrário, acreditam-se cultas, interessantes, atraentes... quando nada disso é verdade. Se conquistarem uma visão mais realista de si próprias, poderão ampliar suas qualidades e reduzir seus defeitos ou fraquezas.

No trabalho de *coaching*, tenho flagrado erros de autoavaliação que refletem puras tolices. Eis que:

Usualmente é tolice...

Achar que sabe mais que as pessoas que têm experiência. Por exemplo: um profissional deseja abrir uma lanchonete porque diz que os outros donos de lanchonete são todos incompetentes. Ou quer ministrar aulas porque julga os professores incapazes. Uma questão é ver de longe a ação de gerir a lanchonete ou ministrar uma aula, outra muito diferente é agir nessas funções de modo eficiente.

Achar que sabe sem ter estudado. A pessoa se julga sabichona sobre determinado assunto, tem ideias sólidas que expressa com rapidez sobre algo, mas nunca leu um livro sobre o assunto, nunca foi à escola discuti-lo formalmente. Em geral, suas ideias são apenas visões distorcidas orientadas por uma percepção subjetiva precária. No complexo mundo atual, ninguém sabe sem estudar. Todos convivemos com verdadeiros espertalhões que supostamente sabem tudo, por exemplo, sobre a economia, mas nunca leram um jornal especializado, nunca fizeram um curso, nunca tiveram lições com alguém que efetivamente conhece a matéria um pouco mais. É sempre bom lembrar uma premissa estabelecida por Sócrates: a maior ignorância é pensar que sabe quando não se sabe. Portanto, humildade é uma grande virtude.

Superestimar suas qualidades e virtudes. É quase uma tendência natural superestimar qualidades e virtudes pessoais. A pessoa sábia fica atenta contra essa tendência, para evitar que tenha visões distorcidas. Os outros, sim, é que devem dizer quem é bonito, inteligente, culto etc. Se no julgamento das pessoas sensatas alguém é tido como bonito, então bonito é. Se não houver muitas manifestações sobre essa condição, é melhor não se julgar bonito ou inteligente ou culto. Cuidado na identificação de seus pontos fortes. Podem ser pura ilusão.

→ CONCLUSÃO

Acredito que tive o prazer de cunhar uma frase boa, com toque de humor, que é a seguinte:

Seja você mesmo. Afinal, você não tem outra alternativa!

Muitas pessoas tentam ser o que não são. Natural, pois olhar-se no espelho poderá ser uma experiência dolorosa. A pessoa eventualmente defronta-se com características que não lhe são agradáveis, porém, qualquer autoestima baseada em ilusão é vulnerável. É fundamental ver-se como se é, efetivamente, e construir sobre essa visão realista a autoestima. A partir do momento em que a pessoa consegue ver-se com realismo, tende a aceitar-se melhor e a gostar de si mesma como se é. Não há nada mais sólido que a tranquilidade e a beleza da alma, que usualmente tem como base a autoestima e autoaceitação. Todos os demais o percebem.

Acompanhamento dos acontecimentos e tendências

Durante a cena de um filme, o ator Woody Allen dialoga com um colega que está reclamando da vida, dizendo que tem pouco sucesso. No caso representando a si mesmo, ele consola o colega dizendo que sucesso é sorte. Observa, então, que tem sorte de ter uma profissão (humorista) que é valorizada pela sociedade e que não teria nenhum sucesso se estivesse em uma sociedade que não a valoriza.

Eis um ponto importante: boa parte do sucesso de uma pessoa costuma vir do mundo que a cerca, do ambiente. Fatores externos impulsionam significativamente muitas carreiras ou podem ser um obstáculo ao desenvolvimento profissional. Assim, é importante conhecer o mundo que nos cerca e suas tendências, isto é, quais serão suas próximas demandas.

→ TÓPICOS A ACOMPANHAR
Já dissemos que o mundo nos traz ameaças e oportunidades. Para identificar esses eventos, temos de ter uma visão clara sobre os fatores que efetivamente vão afetar nossa carreira. Os itens apresentados a seguir devem ser monitorados e acompanhados pela pessoa que pretende ter boa informação sobre as forças ambientais que terão impacto sobre seu desempenho e sucesso.

■ Macroambientais

Vamos denominar aqui macroambiente o conjunto das forças econômicas, sociais, políticas, tecnológicas que afetam a vida humana e, consequentemente, as carreiras profissionais. Exemplos: a) uma força econômica, como o crescimento da renda das classes C e D, poderá impulsionar significativamente os negócios de um pequeno empreendedor instalado em bairro habitado por pessoas desse segmento; b) uma mudança nos hábitos e no estilo de vida (força social) pode resultar em melhoria da qualidade de vida e aumento da esperança de vida, fazendo com que a carreira dure até uma idade mais avançada; e c) uma mudança na tecnologia, como o desenvolvimento da era digital, poderá ampliar bastante a produtividade de uma pessoa – ou causar obsolescência para quem não se atualizar.

Então, é importante acompanhar esses grandes eventos, sempre procurando entender qual é o impacto que essas mudanças terão sobre a carreira. É importante observar que as questões demográficas poderão ter peso significativo sobre o desenvolvimento das carreiras – crescimento populacional, mudança no perfil etário da população, composição da população etc.

■ Setor econômico e mercado

Todas as pessoas trabalham vinculadas a um setor econômico e mercado, estejam elas ligadas a empresas, estejam elas em atividades empreendedoras ou autônomas. Um médico, por exemplo, está no segmento de serviços de saúde e, dentro desse, atende a um mercado específico, como o mercado de pessoas de alta renda, na faixa etária entre 30 e 60 anos, que estão preocupadas com a perda ou manutenção do peso.

Já o gerente comercial de uma corretora de seguros está, evidentemente, no setor de seguros e atende, por exemplo, ao mercado de proprietários de automóveis. Os acontecimentos do setor e do mercado poderão ter impacto imediato ou futuro sobre o desempenho profissional e seu sucesso, devendo merecer atenção.

■ Profissão

Uma profissão – de médico, contador, advogado, administrador – poderá ter crescimento em importância ou declínio conforme a evolução na sociedade. É importante acompanhar o que se passa na profissão, para até mesmo, eventualmente, mudar os rumos da carreira. Um dentista, por exemplo, que esteja em área de mercado saturado para odontologia deverá mudar de região ou buscar alternativas na profissão.

▮ Função organizacional

Boa parte das pessoas trabalham para organizações ou vinculadas diretamente a elas. As organizações são divididas por funções – finanças, marketing, produção, administração geral etc. Com o desenvolvimento das forças macroambientais e de outras, algumas funções poderão tornar-se mais importantes (ou menos). Igualmente poderão mudar seus perfis de exigências, seus requisitos operacionais. Tudo isso poderá ter impacto positivo ou negativo sobre as carreiras das pessoas da área.

▮ A empresa

Pessoas que trabalham em uma empresa ou vinculadas a uma têm seu desempenho na carreira atrelado ao da organização. É bom saber, então, se essa organização tem futuro, se vai crescer, se trará boas oportunidades para seus *stakeholders*. Empresas outrora excelentes como empregadoras ou clientes hoje já não são tão interessantes assim (ou até desapareceram).

▮ Rede social

Vamos definir aqui rede social (*social network*) como um conjunto de conexões entre pessoas. Toda pessoa vive dentro de uma rede social que dá apoio às suas ações ou cria obstáculos para elas. O funcionamento adequado nesse contexto é uma das chaves do sucesso profissional. Esse ambiente muda permanentemente pela entrada ou saída de agentes e pela modificação no perfil dos mesmos. Muitas pessoas são surpreendidas, em suas carreiras, com a rápida redução dos contatos. É necessário acompanhar a evolução da(s) rede(s) a que se pertence.

A rede social inclui, pela ordem de proximidade: parentes, amigos, colegas de trabalho, colegas de escola, clientes, fornecedores, conhecidos, em síntese, pessoas com as quais se mantém ou manteve (com potencial para novos contatos) algum relacionamento mais próximo ou distante. Algumas terão importância muito maior sobre o desempenho e a carreira de um profissional. Por exemplo, pais que podem dar um suporte financeiro e social no início da carreira fazem uma grande diferença; um chefe que aposte no profissional, igualmente. Acontece que pais envelhecem, filhos se mudam, amigos se afastam, chefes perdem emprego etc., e a rede muda: agentes vão, agentes vêm e pessoas deixam de ser o que eram. É fundamental acompanhar as tendências da rede.

→ CONDIÇÕES PARA A BUSCA DE INFORMAÇÃO

Nos dias de hoje não se pode reclamar de falta de informação. A pessoa que deseja efetivamente informar-se encontra um manancial de dados de todas as áreas, sobre todos os assuntos. Contudo, há algumas condições para que a pessoa, tendo acesso aos dados, consiga transformá-los em informações de valor. As três principais, que estão interligadas, são estas a seguir:

Conhecimento – De nada adianta ler no jornal que os serviços vêm apresentando expressivo crescimento, trazendo oportunidades, se a pessoa não sabe o que são serviços e o que esse crescimento quer dizer no contexto da economia. Ou seja: é o conhecimento que dá sentido aos dados, transformando-os em informações. Assim, não basta pesquisar, buscar informação; é necessário *estudar* também, para conseguir absorver devidamente aquilo que se obtém com a pesquisa. Existe um princípio, às vezes denominado de Princípio Mateus, que reflete o processo que privilegia quem já está à frente no campo do conhecimento. Diz: "A quem tem será dado ainda mais",[1] ou seja, à pessoa que tem mais conhecimento, fica mais fácil ampliá-lo – quanto mais se sabe, mais fácil se torna aprender. Assim, a pessoa tem que estudar e pesquisar o suficiente para romper a barreira da ignorância sobre os tópicos mencionados anteriormente, para, então, tornar mais fácil acompanhar a evolução dos acontecimentos.

---

1. *Bíblia*. Novo Testamento (Mateus 13:12), Parábola do semeador.

Consciência – Gente sem consciência do valor do conhecimento, entretanto, não faz o esforço necessário para romper a barreira da ignorância e entrar no círculo virtuoso do aprendizado. É necessário ter consciência de que conhecimento é poder e de que o mundo moderno é organizado em torno do conhecimento, privilegiando significativamente quem o possui. Vale a pena a "transpiração" inicial para o entendimento dos conceitos fundamentais da economia, da vida social, política, da tecnologia – e outros itens de relevância.

Tempo – Possivelmente o recurso mais escasso do mundo atual, o tempo é fundamental na busca de informação. Como pesquisar é importante mas não é urgente, as pessoas acabam deixando a pesquisa de lado, o que é um erro. Gente sem tempo fica desinformada, e a desinformação acarreta a cegueira para as oportunidades e ameaças, o que acaba comprometendo negativamente a carreira e, por sua vez, impede que a pessoa se liberte da falta de tempo. É fundamental romper esse círculo vicioso, abrindo mão de alguma outra atividade e achando tempo – custe o que custar – para a pesquisa e estudo. Esse esforço inicial será compensado pelo Princípio Mateus: o tempo gasto dá alguma informação à pessoa e torna-a mais capaz de assimilar os novos fatos, o que abre novas janelas de oportunidade.

→ ESTUDO FUNDAMENTAL PARA A CARREIRA

Estamos falando de estratégia de carreira: a) a pessoa tem um conjunto de recursos (dinheiro, bens materiais, capital intelectual, capital social, força de trabalho); b) ela aplica esses recursos em busca de resultados econômicos (ganhos, ampliação do patrimônio etc.); e c) sua aplicação trará resultados melhores ou piores, conforme as decisões que a pessoa toma. Constatação óbvia: estamos no contexto da administração, a pessoa está *administrando* sua carreira. É conveniente, então, que ela tenha algum conhecimento de administração, e é exatamente esse que vai permitir que ela faça uma "leitura" adequada das informações que busca sobre economia, tecnologia e fatores sociais.

É importante estudar o suficiente de administração. Conhecimento útil para todos, será mais importante para algumas pessoas, em função de seu posicionamento na carreira. Por exemplo, um médico que tem uma clínica terá grande benefício em conhecer os conceitos fundamentais de gestão. Já para um biólogo que trabalhe como professor universitário, esses conhecimentos poderão não ser tão importantes.

Isso é certo: para as pessoas que sobem na escala social, que adquirem maior importância e assumem responsabilidade por maior volume de recursos, os conhecimentos de gestão tornam-se mais relevantes. Quanto mais acima na hierarquia econômica, mais decisões envolvendo valores, logo, mais necessidade de administrar. Assim, conhecimentos de administração são fundamentais para todos que estejam subindo ou queiram subir.

O estudo da administração poderá ser feito por meio de cursos ou da leitura. No que diz respeito aos cursos, entidades como Senac e Sebrae, além de um sem-número de organizações de todos os tipos, oferecem uma gama significativa de oportunidades de estudo. Quem tem dificuldade de frequentar cursos pode adquirir razoável conhecimento por meio da leitura.

A recomendação é de que a pessoa leia livros-texto da área, antes de passar a outros tipos de leitura, pois esses trazem um condensado de todos os conceitos fundamentais já acumulados por uma disciplina qualquer. Usualmente prestam-se a finalidades didáticas. Os livros-texto de Administração são aqueles usados nos cursos superiores da área. Em geral, têm número elevado de páginas (entre 400 e mil), são apresentados em formato grande e são bem organizados no que diz respeito à estrutura e ao texto.

A pessoa que pretende ter uma visão integrada, abrangente e sistemática da gestão deverá ler quatro livros-texto fundamentais, que refletem as quatro áreas importantes da gestão:

TGA – Teoria Geral da Administração – Existem no mercado excelentes livros-texto de TGA. A leitura vai indicar o que é administração, de onde vem, quais são os conceitos fundamentais e as funções básicas.

Marketing – Um bom livro-texto de marketing, como muitos que estão à disposição, apresentará os conceitos fundamentais da relação de uma empresa com seu mercado. Indicará o que é mercado, quais as funções da empresa, como fazer com que os produtos (bens ou serviços) cheguem aos clientes e consumidores, atendendo adequadamente às expectativas.

Finanças – Instrumentos e conceitos fundamentais da obtenção, controle e aplicação do dinheiro, os relatórios de desempenho, o orçamento – eis alguns itens componentes de um bom livro-texto de finanças. O conhecimento adequado desses habilita a pessoa a fazer um uso mais racional e eficiente dos recursos que tem.

Produção/Operações – Compras, estoques, processamento de material, organização física de centrais de produção, planejamento da produção, controle de equipamentos – são tópicos relevantes da gestão de produção ou operações. Um bom livro-texto permitirá que o interessado tenha uma visão adequada dessas questões, com o objetivo de minimização dos custos e maximização da produtividade.

A tarefa de ler esses quatro livros-texto é árdua, mas não precisa ser realizada em curto período. Um pouquinho de atenção por dia ou semana, e a pessoa irá paulatinamente aumentando sua compreensão e velocidade de leitura. É sempre bom relembrar o Princípio Mateus: quanto mais se sabe, mais fácil se torna aprender. À medida que a pessoa avança na leitura dos livros-texto, fica mais fácil para ela situar e entender as questões discutidas em artigos de jornais e revistas, debates, cursos etc. Da mesma forma, o interesse tende a aumentar e, também, a capacidade de absorção.

→ PESQUISA PARA ACOMPANHAMENTO DAS TENDÊNCIAS

Informação é poder. Quem sabe das coisas pode tomar decisões mais apropriadas, defendendo-se melhor das ameaças e aproveitando melhor as oportunidades. O problema, porém, é: como buscar as informações mais relevantes nesse mar de conteúdo que nos cerca nos dias de hoje? É necessário agir com método e disciplina.

No mínimo, você deve fazer o seguinte:

1. Decida, antes de mais nada, quais são os principais tópicos relevantes para a sua carreira. Reflita, peça opiniões, estude o assunto e depois estabeleça um "cardápio" dos tópicos de interesse. Esse cardápio é fundamental porque atualmente é

impossível acompanhar tudo; se a pessoa não tiver um foco, acabará por assimilar uma colcha de retalhos irrelevante. Por outro lado, se ela se concentrar nas informações mais pertinentes, com o passar do tempo ficará mais e mais qualificada na busca desse tipo de informação.

Figura 1 Exemplo de Cardápio de Informações

Tópico de interesse	Onde encontrar informações
Conhecimento geral de gestão e finanças	Revista *Exame*
	Jornal *Valor Econômico*
Informação sobre as profissões da área financeira	Site da Bolsa de Valores
	Site do Banco Central, do BNDES etc.
Desempenho financeiro das grandes empresas	Novos livros
	Entrevistas de executivos de destaque
"*Who's Who*", ou seja, "Quem É Quem", pessoas importantes a acompanhar	Classificados com ofertas de empregos
	Informativos do governo e de órgãos reguladores
Tendências do mercado de capitais	

Cardápio de informações é um conjunto de tópicos de interesse que a pessoa deverá pesquisar de modo regular e sistemático. Por exemplo: um jovem estudante de administração com interesse em finanças poderá estabelecer os itens do quadro em seu cardápio para acompanhamento.

2. Como a internet é hoje o melhor meio de buscar informação, faça download de um bom leitor de RSS[2] e vá aos poucos catalogando as fontes de informação de relevância. Assim, você receberá em

---

2. Leitor de RSS é um agregador de notícias e informações publicadas na internet. Ele permite que seu browser funcione como se fosse uma primeira página de jornal, com as notícias mais atuais, dentre aquelas que você elegeu como importantes para receber com regularidade. Todos os sites que oferecem o serviço de RSS trazem o símbolo (cor laranja, usualmente com essas letras) e podem ser catalogados. Os leitores estão disponíveis gratuitamente em todos os sites de download.

seu browser a lista dos tópicos que foram publicados sobre cada área de interesse e poderá ler aqueles que mais interessarem.
3. Defina os sites de maior interesse e coloque-os entre seus favoritos.
4. Assine pelo menos uma boa revista semanal da área de interesse (ou passe a frequentar um site que seja substituto à altura dessa).
5. Depois, com método e disciplina, vá criando uma rotina de acompanhamento das informações.

Ninguém precisa ficar restrito a isso, naturalmente. Quem tem oportunidade pode e deve:

- ➢ acompanhar encontros de profissionais da área de interesse;
- ➢ frequentar associações de classe;
- ➢ ir a eventos informativos (muitos são gratuitos); e
- ➢ buscar outras pessoas com os mesmos interesses para troca de ideias.

→ CONCLUSÃO

Nunca houve tanta informação, com tão boa qualidade e à disposição de tantos. Essa riqueza toda será mais útil para aqueles que estejam dispostos a arregaçar as mangas e fazer sua parte, ou seja, aprender a pesquisar e efetivamente investir tempo e esforço na pesquisa. Isso, com certeza, trará bons resultados. Quem tiver mais informação tenderá a diferenciar-se.

Tomando decisões de carreira

Muitos profissionais realizam bem menos que poderiam, simplesmente porque se distraem e deixam a vida profissional ir fluindo ao sabor dos ventos. Vão simplesmente fazendo as tarefas, sem se preocupar em traçar um rumo para sua carreira e assumir o comando de suas ações. Com isso, ficam muito dependentes da sorte, enquanto outros estão "mexendo os pauzinhos" e buscando os caminhos para o crescimento. Quem opta por "empurrar com a barriga", deixar os fatos acontecerem, certamente leva desvantagem. É necessário agir, às vezes mudando o curso e até nadando contra a correnteza, para se obter posições mais vantajosas na carreira.

Antes de agir, entretanto, é fundamental parar para pensar, estudar bem as questões – e tomar decisões. Decisões são movimentos críticos em qualquer carreira. É a hora do pênalti – e os erros aqui custam caro.

→ PATOLOGIA DAS DECISÕES

Possivelmente as decisões erradas são a regra, não a exceção. A maioria das pessoas, mesmo as mais inteligentes, tem procedimentos decisórios viciosos e isso acaba comprometendo a qualidade de suas escolhas. A seguir, uma pequena lista dos tipos de decisão viciados e seu impacto sobre a carreira.

■ Decisões orientadas pela busca do conforto

A pessoa tenta fazer o mais fácil, pegar atalhos, seja por preguiça, seja pelo prazer de manter situações e comportamentos confortáveis. Diz o ditado: "A vida é dura para quem é mole", e a opção pelo conforto ou a preguiça de hoje vai trazer mais transpiração amanhã. Boas decisões baseiam-se em escolhas mais espartanas, disciplinadas, que buscam levar a pessoa a fazer o certo e não o que seu corpo pede.

■ Decisões com base na ignorância

Se a pessoa não tem uma visão apropriada da realidade ou não possui as informações mais adequadas, certamente tomará as piores decisões. Há estágios de ignorância: o mais elevado deles é o da pessoa que acha que sabe, quando na verdade não sabe. Em geral, essa ignorância se observa em gente que quer saber sem ter estudado, pessoas completamente ingênuas ou arrogantes, "sabichonas". Antes de tomar decisões importantes de carreira, a pessoa sábia consulta outras mais experientes, lê e busca apoio de especialistas (se for o caso).

■ Decisões dirigidas à proteção do ego

A pessoa faz uma imagem errônea de si mesma, usualmente idealizada, e não quer tomar decisões que ponham tal imagem em risco. Por exemplo, o indivíduo se julga um empreendedor brilhante, mas não leva o menor jeito para negócios, e coleciona fracassos. Então, surge a oportunidade de um bom emprego, mas ele recusa, pois se acha importante demais para ser um empregado.

Fulano se considera um excelente ator e insiste na carreira teatral, para a qual não tem talento algum, mas tem o prazer de dizer a todos que é ator. Sicrano permanece num emprego que dá *status*, mas recebe um salário miserável, muito inferior ao que ele tem potencial para ganhar. Beltrano, por fim, é aquele que recebe a oportunidade de ocupar uma nova posição de destaque, mas, por medo do fracasso, prefere ficar no cargo atual, gozando o *status* de bem-sucedido.

■ Decisões dirigidas por emoções

O comportamento humano é necessariamente influenciado pelas emoções, porém, quando elas predominam e comprometem a capacidade de raciocínio, isso não leva a bons resultados. Muitas pessoas tomam decisões ruins porque se deixam levar por emoções.

Alguns agem constantemente orientados pelo medo, outros têm sua conduta pautada pela necessidade de conquistar amor e afeição dos outros; há ainda aqueles que se orientam por emoções destrutivas, como frustração, ira etc. Para tomarmos boas decisões de carreira, precisamos isolar as emoções: reconhecer a dimensão certa que devem ter sobre nossas vidas.

→ BUSCANDO O ACERTO NAS DECISÕES

Usualmente o processo decisório funciona melhor dentro de determinadas regras, como as apresentadas a seguir.

■ Adoção de planejamento formal

Se a pessoa estabelece formalmente um calendário e um conjunto de rotinas de planejamento, isso acaba resultando em melhoria na qualidade das decisões. Por exemplo, será bem produtivo se a pessoa uma vez ao ano parar para fazer uma revisão sobre o andamento de sua carreira. Ela poderá fazer algumas análises básicas, buscar informações específicas e tomar decisões a serem implantadas no próximo ano. Não pode ser, naturalmente, aquele comportamento superficial e ingênuo de estabelecer resoluções de fim de ano, para esquecê-las no mês seguinte. Levar-se a sério e ter disciplina é fundamental.

■ Apoio de especialistas

Digamos que a pessoa costume tomar decisões intempestivas e emocionais e que isso seja uma constante em sua vida. Se passar a fazer terapia, terá um ganho considerável na qualidade de suas decisões. O psicólogo, ou terapeuta, está entre os profissionais que poderão dar suporte eficiente na condução da carreira de uma pessoa.

Outros são: o *coacher* ou especialista em orientação de carreira, o advogado, o *personal stylist* (orientação do visual). É evidente que em determinados estágios da carreira nem todos têm recursos para investir nessa busca de apoio, mas assim que a pessoa começa a ter sobras é sábio investir em si mesma.

■ Envolvimento de outras pessoas

Há um conjunto de pessoas que são importantes para a carreira de um profissional. Entre elas estão seus familiares, seu chefe, seus colegas de trabalho, parceiros da área etc. É sábio envolver tais pessoas no processo decisório por várias razões: a) daí decorrerão melhores avaliações; b) os outros ficarão informados sobre como poderão ajudar, sabendo os interesses e prioridades do profissional; e c) os outros serão coautores das decisões e tenderão a dar apoio para que as metas se realizem com sucesso. Então, peça apoio aos colegas e amigos de bom senso.

■ Teste, experimentação

Algumas pessoas percebem, após quatro ou cinco anos de estudo numa universidade, que não gostam da área na qual se formaram. É que a decisão foi baseada em informação superficial sobre a área ou se decidiu por ela para agradar alguém (os pais, na maioria das vezes). Quer fazer odontologia? Que tal pedir ajuda de um dentista para ver como realmente funciona seu trabalho, como são os fatos que não aparecem na superfície da imagem da profissão? Quer trabalhar com marketing? Que tal fazer um estágio na área?

Por outro lado, um indivíduo que nunca pensou em ser professor recebe a sugestão de entrar para a área acadêmica e, de pronto, rejeita, dizendo: "Não tenho jeito para professor." Como alguém pode dizer isso sem ter dado uma única aula em sua vida? Com frequência se constata que as pessoas descobrem uma vocação que jamais imaginavam ter. Antes de decidir fazer ou não fazer algo, é sempre bom experimentar, testar.

→ CONCLUSÃO

Em que eu errei? Eis uma boa pergunta para um profissional de 30 anos: olhando para seu passado profissional recente ele poderá perceber onde é fraco nas decisões. Elas são contagiadas por emoções? Elas são desinformadas? Elas são apressadas, ansiosas? Então, use o erro para mudar o padrão decisório para melhor.

Muita gente vai fazer essa pergunta com mágoa e ressentimento aos 50 ou 60 anos. Todos erram ao longo da vida, mas alguns vão efetivamente se desviar muito dos caminhos de seu real interesse e aí terão um nível elevado de decepção, que motiva a pergunta ressentida: em que errei? A que servem a decepção e o ressentimento? Para nada: só atrapalham as boas decisões do presente. Então, em vez de ficar ressentido e decepcionado, aprenda a errar cada vez menos e siga em frente.

É bom lembrar-se de que, com 50 ou 60 anos, é necessário continuar tomando boas decisões de carreira, pois a vida hoje é longa, e é saudável que a pessoa tenha uma vida plena até seus últimos dias. Assim, aprenda com o passado, mas olhe para o futuro e projete-o do melhor modo.

Erros típicos na condução da carreira

O dia a dia de quem trabalha com orientação de carreiras ensina muito. Tenho visto muita gente com grande potencial enfrentando problemas que seriam perfeitamente evitáveis, ou obtendo muito pouco de retorno sobre sua qualificação, ou descontente com suas próprias atividades. Na origem desses e de outros problemas similares percebo os erros típicos que derrubam muitos. O ideal é evitar o erro; e, para conseguir isso, a melhor coisa a fazer é aprender com os erros dos outros.

Vejamos alguns erros típicos que aparecem no gerenciamento das carreiras. Eles apresentam-se numerados, mas sem nenhuma ordem de importância. Usualmente esses erros aparecem em grupos, combinados entre si, sendo que cada um potencializa o outro.

→ ERRO1: CONCENTRAR-SE NO QUE GOSTA DE FAZER

Não há erro essencial em trabalhar em uma área que traz remuneração menor, mas que é aquela para a qual a pessoa está efetivamente motivada. Por exemplo, a pessoa sente um forte chamado para ajudar o próximo e encontra plena satisfação ocupando uma posição em uma ONG, na qual os salários, obviamente, são menores. Se isso é consciente, se a pessoa harmoniza o trabalho com os outros ângulos de sua vida, se tem qualificação para aquilo que gosta de fazer, então, tudo bem.

Todavia, a grande verdade é que, muitas vezes, a concentração naquilo que se gosta de fazer contém erros que dificultam a plena realização na carreira. Vejamos:

> - A pessoa se concentra no que gosta de fazer, mas vive em constante conflito de valores. Por exemplo, a pessoa quer, ao mesmo tempo, dedicar-se à caridade e ganhar muito. Daí sua única alternativa é o cinismo incoerente e não ético, ou seja, usar a ONG como meio de enriquecimento pessoal, enganando as pessoas e desviando dinheiro da causa. A avaliação daquilo que se gosta de fazer deve ser mais abrangente, envolvendo vocação, qualificação, sintonização de valores, competências etc. Se algo que gosto de fazer não traz satisfação plena nos outros ângulos da vida, é bom buscar outra atividade de que eu goste e também traga maior realização em outras esferas.
> - A pessoa se concentra no que gosta de fazer, mas não tem a qualificação adequada para a função ou área. É o caso do profissional que insiste em ser empreendedor quando não tem o perfil adequado. Só tenderá a colher dissabores. Seria mais conveniente aprender a gostar de uma atividade para a qual tivesse maior qualificação.
> - A pessoa se concentra nos aspectos de que gosta de sua função, negligenciando atividades das quais não gosta mas que são essenciais para o sucesso na área. Por exemplo, um gerente de marketing que dedica integralmente seu tempo a contatos e ao lado festivo da função (eventos, encontros, contatos com a mídia) e deixa de fazer a lição de casa essencial, como o orçamento da área, as reuniões executivas, as análises de mercado.

No mercado, poucas pessoas conseguem fazer exatamente aquilo de que gostam. Isso depende de condições pessoais ou ambientais que nem sempre existem. Frequentemente as pessoas bem-sucedidas fizeram o caminho contrário: aprenderam a gostar daquilo que têm disponível e em que têm bom desempenho. Quando isso é possível, esse, usualmente, é o melhor caminho. Quando aprende a gostar daquilo que tem potencial e está às mãos, em última instância acaba gostando do que faz, o que é alavanca indispensável para o sucesso.

→ ERRO 2: DEDICAR-SE À ATIVIDADE DA QUAL NÃO GOSTA

Neste caso ocorre o contrário do caso anterior: a pessoa não consegue gostar da atividade ou função à qual vem se dedicando e persiste mesmo assim, seja por acomodação, medo de mudança ou por ambição financeira. O problema é que se isso resultar em tédio permanente e frustração crônica, mais cedo ou mais tarde a *psique* vai pagar um preço elevado e efeitos colaterais negativos virão. Pode ser que a pessoa se torne amarga e fria, pode ser que entre em crise profissional e tome decisões intempestivas e impensadas, pode ser que desperdice a energia que, se bem canalizada, a levaria a maiores realizações.

Se for de todo impossível gostar do que se faz, mudar é fundamental. Como diz o ditado: "Não se pode fazer omelete sem quebrar os ovos." Assim, é necessário mudar, aceitando os riscos e as eventuais perdas.

→ ERRO 3: CONFUNDIR-SE COM O CARGO

Numa reunião qualquer, solicita-se que as pessoas se apresentem. Fulano apresenta-se como diretor comercial de uma grande e conhecida organização; beltrano apresenta-se como profissional autônomo em uma área qualquer. Imediatamente os demais membros da reunião passam a ver fulano com maior respeito; seu *status* cresceu. Como diretor comercial de uma grande organização, ele será bem recebido na prefeitura, em outras organizações, no jornal de negócios, no clube, na escola do filho. Acontece que essa importância pertence ao cargo e não a seu ocupante! O problema é que muitos profissionais se confundem e passam a sentir-se muito importantes, vindo a tomar decisões erradas de carreira. Por exemplo:

- O indivíduo pode ficar arrogante e menosprezar até mesmo a empresa que lhe dá o cargo por meio do qual ele brilha!
- A pessoa poderá, quando perder o cargo, continuar adotando a postura de importância que era aceita quando ocupava o cargo. Acontece que, se ela não estiver no cargo, os outros a julgarão arrogante ou pretensiosa por causa de seus ares de importância. Tenderão a criar barreiras emocionais contra ela.

> A pessoa poderá tomar, pessoalmente, decisões ousadas, julgando que a força do cargo é sua própria força. Certamente vai bater com a cabeça na parede.

O sensato é, isto sim, buscar os meios de ser importante por si mesmo e não pelo cargo ocupado. Pode (e deve) até usá-lo como alavanca para conquistas pessoais, mas deve saber que terá de sustentar-se em pé por si mesmo, pois cargo não é qualidade pessoal. E muitas vezes o cargo passa, mas a pessoa fica.

→ ERRO 4: AGIR COMO "LIVRE ATIRADOR"

Como o mundo moderno é o mundo das organizações, o "livre atirador", aquele que vive sem vínculos organizacionais, leva desvantagem. Por exemplo, há dois professores de igual competência. O primeiro dá aulas como convidado de inúmeras organizações, sempre com sucesso, mas atua como autônomo. O segundo ocupa o cargo de chefe de departamento (ou simplesmente o de professor) de uma universidade. Quem vai ter mais atratividade para a imprensa, para dar uma entrevista? O segundo, naturalmente. Quem poderá ter maior vantagem na proposição de um projeto de pesquisa para o qual se busca verba pública? O segundo. Quem será mais representativo em uma conferência internacional da área? Igualmente o segundo. Na verdade, este junta sua competência à força do cargo.

Nessas circunstâncias, usualmente é um erro o profissional viver sem vínculos, pois estamos em uma sociedade na qual as organizações são mais legítimas que indivíduos isolados. Um médico vinculado a um hospital consagrado é mais bem visto que o colega de igual qualificação, mas que não tem vínculo com nenhuma instituição de peso. Vale para todas as profissões.

Do ponto de vista da estratégia de carreira, é sempre bom ancorar a vida profissional, criar vínculos que legitimam a pessoa, estabelecer conexões que fortaleçam e facilitem a realização das metas.

→ ERRO 5: ACHAR QUE A FORÇA ESTÁ EM VOCÊ

Todos somos avaliados por resultados. Pessoas que atingem resultados excelentes acabam ganhando pontos valiosos para seu crescimento na carreira. Entretanto, os resultados são decorrência de algo mais que o desempenho pessoal. Por exemplo:

> - Um gerente de marketing propõe e implanta um plano que resulta em aumento de 20% nas vendas da empresa. Ponto para ele. Entretanto, o resultado foi decorrente de um conjunto de circunstâncias: qualidade do desempenho da empresa, nome da empresa, disponibilidade de recursos, milhares de decisões e ações executadas em diferentes instâncias da organização, enfim. A força não é do profissional, mas, sim, do profissional *no cargo, na empresa, na circunstância*. O conjunto conta muito. Quando deixa de perceber isso e pensa que a força está nele, o profissional pode ser levado a resultados catastróficos. Pode ser que em outra empresa não consiga apresentar nem uma pequena fração dos resultados obtidos.
> - Um empreendedor abre um pequeno negócio e este prospera rapidamente. Ponto para ele. Acontece que o sucesso de um novo empreendimento não depende só de uma pessoa, mas de um conjunto de circunstâncias, incluindo a sorte. Aquele pequeno negócio, naquele ponto, com aquela "química" única foi um sucesso. Entretanto, se o empreendedor passa a considerar-se todo-poderoso certamente vai quebrar a cara, como se diz na gíria. Pouquíssimos são aqueles que iniciam inúmeros negócios de sucesso. Usualmente consegue-se isso quando se tem dinheiro suficiente para contratar gente muito boa, excelentes empresas de consultoria, e se pode errar um pouco pois a verba permite. Ser empreendedor de sucesso partindo do zero mais de uma vez é coisa raríssima: pouquíssimos teriam essa força.

Na verdade, o executivo que acerta regularmente e o empreendedor que acumula êxitos sucessivos são eficazes justamente por não se considerarem as fontes do sucesso, mas por saber "pegar carona" no sucesso de outros.

→ ERRO 6: NÃO MUDAR O SUFICIENTE

Como já dizia Heráclito,[1] o Obscuro, o homem não passa duas vezes no mesmo rio, pois na segunda vez será um novo homem e um novo rio. Quer dizer: a pessoa e o mundo mudam constantemente. Entretanto, às vezes há um descompasso entre as mudanças no mundo e as no indivíduo. A pessoa se acomoda, acha que seu lugar ao sol estará reservado e deixa de fazer as mudanças necessárias para manter-se capaz de operar eficientemente nos novos tempos.

Por exemplo, determinado gerente tem condições – dinheiro, tempo – e não estuda inglês, mesmo sabendo que mais e mais esse idioma é exigido para cargos de comando. Ele acredita que no *seu* caso isso será dispensável, isto é, acha-se ungido por privilégios dos deuses. Não acredita que ficará desempregado, que seu chefe manter-se-á o mesmo, que a empresa não mudará e continuará a aceitar sua deficiência na língua. De repente, a empresa é comprada por outra maior, que já chega avaliando as competências dos comandantes da comprada. Nesse momento o inglês fará muita falta!

É um erro andar mais devagar que as mudanças do mundo. No mínimo deve-se acompanhá-las, para não ficar para trás.

→ ERRO 7: DISTRAIR-SE

Distrair-se é concentrar-se no trabalho ou nas atividades da vida social e esquecer-se de olhar para as ameaças que necessariamente chegam com os novos tempos. É também esquecer-se dos próprios objetivos ou das estratégias que concebeu para alcançá-los. Por exemplo, a pessoa vê o tempo passar e não se preocupa em fazer uma poupança que possa valer como reserva para tempos mais difíceis. De repente está mais velha, menos empregável e desprovida de recursos para a travessia de mares bravios. Fica muito vulnerável.

Distrair-se é se esquecer de fazer o que tem de ser feito em termos de...

---

1. Filósofo grego que viveu entre os séculos VI e V a.C.

- Poupança.
- Manutenção dos contatos.
- Atualização profissional.
- Cuidado com a saúde.

A distração leva à vulnerabilidade, que, por sua vez, leva à limitação das opções na carreira.

→ ERRO 8: PERDER O FOCO

Admiramos aquele empreendedor com alta capacidade de "farejar" bons negócios e de conduzir atividades empresariais de modo certo. Às vezes nos esquecemos de olhar para a sua longa trajetória, que trouxe a experiência tão valorosa. Na vida moderna, a especialização é uma necessidade. Ninguém aprende a investir na Bolsa fazendo um curso de fim de semana, ninguém adquire qualificação para o tênis brincando aos domingos. Os padrões de excelência modernos são frutos de tempo e energia aplicados de modo concentrado.

As pessoas que hesitam entre uma área e outra, uma função e outra, uma atividade e outra nos dias atuais acabam perdendo terreno. Lógico que alguma universalidade da experiência, em certas circunstâncias, pode trazer vantagens, mas isso não se relaciona com oscilação indecisa de um galho a outro. Aquele executivo que hoje ocupa uma posição de topo fez um longo trajeto até chegar aonde chegou; aquela advogada consagrada conquistou seu espaço com muita pesquisa e muitas vitórias nos tribunais; aquele palestrante cresceu em popularidade graças a inúmeras palestras de sucesso realizadas ao longo dos anos.

É necessário manter o foco, pois a hesitação custa caro.

→ ERRO 9: FIAR-SE NO TALENTO

Alguns pouquíssimos privilegiados nascem geniais. Salvo tristes exceções, estes atingem posições de destaque, mas quase todos que chegaram a esses picos de sucesso não se fiaram apenas na sua genialidade, mas trabalharam bastante para atingi-los. As pessoas que, mesmo sendo geniais, contam apenas com o talento correm o sério risco de desperdiçar a dádiva da natureza. Por exemplo, a pessoa com talento musical excepcional não terá condições de operar em alto nível de excelência nos dias de hoje se não transpirar na escola por muitos anos. Numa época em que a regra é a excelência em todas as áreas, talento continua sendo uma dádiva necessária para grandes realizações, mas não é suficiente. A ele deve somar-se o trabalho.

Muitos profissionais confiam (ingenuamente) em seus talentos e ficam para trás. Aquele vendedor brilhante que não se aprimorou, de repente, vê-se diante de uma clientela bem mais qualificada, para a qual seus métodos e processos já não são eficazes. Aquele médico muito hábil no diagnóstico, confiando em seu talento, deixa a leitura de lado e em poucos anos será um charlatão obsoleto, pois o conhecimento terá avançado muito além daquele que adquiriu na faculdade.

Fiar-se exclusivamente no talento é arrogância pura, que custa caro.

→ ERRO 10: ISOLAMENTO

O sucesso de quem quer que seja provém dos outros. Ninguém "chega lá" por si mesmo, mas chega porque contou com aceitação, aprovação e ajuda de outras pessoas, sejam essas subordinados ou superiores hierárquicos, sejam clientes, sejam parceiros de negócios. Isolar-se, levar uma vida social reclusa é um erro fatal. Como os outros são fontes de oportunidades e suporte, o sensato é aproximar-se deles e estreitar as relações. Quem se lembrará de oferecer uma oportunidade àquele que nunca aparece, que nunca está junto, que não se faz lembrado? Quem se importará com os planos ou projetos de alguém que não se importa em conviver?

No mínimo, quem quer fazer mais por sua carreira deve:

- Frequentar eventos da área.
- Aprender a ser mais sociável com os colegas e amigos.
- Comparecer a cerimônias ou acontecimentos que sejam relevantes para os outros (aniversário de uma empresa, premiação de um executivo conhecido, comemorações de clientes, fornecedores, parceiros).
- Lembrar-se dos outros em seus projetos.

→ ERRO 11: DOSAGEM ERRADA DE OUSADIA

Tudo é uma questão de medida ou, como se diz, se apertar demais a mão, o pássaro morre; se afrouxar, ele voa. Gente que não tem ousadia nenhuma não vai a lugar algum, evidentemente, e deixa as oportunidades para os outros. Por outro lado, pessoas ousadas demais arriscam-se muito e comprometem suas carreiras. Provavelmente, no universo dos profissionais de sucesso há mais conservadores que ousados, pois, em geral, a ousadia resulta em mais fracassos que sucessos. Por outro lado, com excesso de conservadorismo ninguém faz nada.

Exemplos de excesso de conservadorismo:

- Ficar a vida inteira em um emprego de remuneração modesta, sem evolução, porque "é seguro".
- Evitar assumir um cargo acima do seu, para o qual se está preparado, porque não quer "trocar o certo pelo duvidoso".
- Desclassificar-se quando os outros já o elegeram (a empresa oferece um cargo para o qual acredita que o profissional está preparado e este julga-se incapaz para a posição).

Exemplos de excesso de ousadia:

- Abrir um negócio sem ter recursos ou informação adequada.
- Assumir um cargo relevante (diretor financeiro, por exemplo) sem experiência ou formação (isso é possível quando se enganam pessoas que desconhecem o histórico ou perfil do profissional).
- Assumir uma profissão sem ter as credenciais (casos de falsos médicos que constantemente aparecem nos jornais).

Aproveitando as oportunidades

Oportunidade, como já se discutiu, é algo que o mundo nos traz, um evento externo favorável que nos é apresentado. As pessoas diferem significativamente umas das outras no que diz respeito tanto à *capacidade de atrair oportunidades* quanto à de *perceber* aquelas que aparecem e a de *aproveitá-las* – e isso faz toda a diferença em termos de carreira. Muitos já nascem com o dom de desempenhar bem essas atividades, mas qualquer um pode melhorar em cada uma das três áreas. Vale a pena investir nesse aprendizado.

→ ATRAINDO OPORTUNIDADES

Um médico gostaria de ministrar aulas, mas diz que nunca teve chance. Entretanto, ele nunca buscou o convívio com pessoas do meio acadêmico, nunca se expôs de nenhum modo a um coordenador de curso, nunca enviou um currículo, nunca, enfim, se relacionou com o mundo acadêmico. Evidentemente ninguém nunca soube que ele seria competente para dar aulas, nem que teria interesse em fazê-lo. Logo, ninguém lhe ofereceu oportunidade nenhuma!

Vejamos alguns pontos relevantes para atração de oportunidades:

> - As oportunidades estão no mercado. Elas aparecem para quem vai para dentro dele. Quem fica em casa, fechado, certamente não terá nenhuma.

- Oportunidades provêm de pessoas. Ampliar os contatos e manter relacionamentos de qualidade é o caminho para atraí-las.
- As oportunidades são oferecidas às pessoas que apresentam credenciais para aproveitá-las. É necessário que os agentes de mercado saibam que a pessoa X ou Y tem credenciais. Logo, o profissional interessado em captar oportunidades deve divulgar suas credenciais em seus relacionamentos.
- As oportunidades são oferecidas para aqueles que aparentemente têm motivação e competência para aproveitá-las. Assim, é fundamental apresentar uma imagem de competência e profissionalismo, mesmo nas relações sociais, situações em que as oportunidades costumam aparecer. Gente que socialmente se apresenta de modo negativo não será elegível.
- As oportunidades são oferecidas prioritariamente aos conhecidos simpáticos. Gente antipática usualmente é preterida. Desenvolver a simpatia é essencial para quem pretende evoluir na carreira.

→ PERCEPÇÃO DAS OPORTUNIDADES

Muitos profissionais ficam de tal maneira concentrados em seus afazeres ou interesses que não conseguem identificar boas oportunidades que se apresentam. Eis alguns caminhos para ampliação da capacidade de perceber eventuais alternativas de desenvolvimento:

- Faça o exercício de deixar seu ego um pouco de lado, para prestar mais atenção nos outros, em suas falas, seus interesses, seus problemas. Usualmente é daí que vêm as oportunidades.
- Reserve tempo para refletir sobre suas alternativas e sobre outras alternativas (as dos outros). De repente, uma ideia pode surgir – uma oportunidade.
- Se possível, execute atividades diferentes da sua. Por exemplo, um empresário pode dedicar algumas horas semanais à organização de eventos de caridade, um advogado pode dar aulas eventuais. Atividades paralelas ampliam o ângulo de visão e revelam outro leque de alternativas.

> Peça às pessoas de seu relacionamento opinião sobre oportunidades que se apresentam para você. Muitas vezes elas veem melhor que você, que está envolvido.

→ APROVEITANDO AS OPORTUNIDADES

Ao identificar uma oportunidade com potencial real, é necessário aproveitá-la. Duas coisas são essenciais para que esse aproveitamento se concretize: 1) estar preparado; e 2) ter coragem.

Surge a oportunidade de sociedade (sem investimento) com um empreendedor em franca ascensão, mas o profissional não pode aproveitá-la porque no momento está endividado e, por isso, sem mobilidade. Um outro caso: uma oportunidade boa se apresenta para uma profissional, mas ela terá de mudar de cidade, o que exigirá reorganização de sua vida; então, não pode aproveitá-la porque tem um casal de filhos dependentes (de 30 e 32 anos de idade!) que precisam morar na cidade atual.

Pessoas em posição frágil do ponto de vista emocional, social, familiar, financeiro e profissional têm mais dificuldades para aproveitar as oportunidades que se apresentam. A pessoa mais apta a usar bem aquilo que a fortuna lhe traz, em geral, é aquela que está com a mente sã, com o corpo em ordem, com os relacionamentos resolvidos, com as finanças em dia. Esses fatores em grande medida podem e devem ser administrados para que joguem a favor do profissional, e não contra. O importante é que o indivíduo interessado em evoluir na carreira livre-se de seus problemas e mantenha-se pronto para o que vier.

Além de estar preparado, é necessário ter a coragem suficiente. Usualmente as oportunidades implicam mudança e risco. Pessoas muito afeitas à segurança, muito presas à sua área de conforto terão dificuldade de aproveitá-las. É fundamental adquirir arrojo suficiente. Esse pode ser desenvolvido, paulatinamente, com a aceitação de riscos progressivamente crescentes. A ideia é: faça, mexa-se, ouse, e assim vai aprendendo a ser ousado. Em casos extremos de muita insegurança, é recomendável buscar terapia. Ou a pessoa prefere travar sua carreira e perder a oportunidade de ter uma vida mais rica?

Defesa contra as ameaças

O ditado otimista assegura que "dias melhores virão". Vale como conforto na hora de uma adversidade ou trauma qualquer, mas podemos falar que o ditado mais apropriado é o outro: "Não há mal que sempre dure nem bem que nunca acabe." Sim, dias melhores provavelmente virão, mas dias piores também poderão vir! O bom senso é ficar preparado tanto para aproveitar os benefícios que vierem quanto para fazer um escudo protetor contra as adversidades.

É comum que as pessoas não sejam previdentes o suficiente, isto é, que não se preocupem o bastante com as possíveis ameaças que o futuro necessariamente trará. Não se mantêm preparadas para lidar com as dificuldades que porventura apareçam. É um erro sério do ponto de vista da carreira, porque quando surgem problemas para alguém frágil, a pessoa não poderá lidar eficazmente com eles e isso trará sérias limitações no âmbito do desenvolvimento profissional.

É fundamental ter uma visão prospectiva do ciclo de vida da carreira e antecipar as necessidades e demandas de cada fase, e as ameaças potenciais.

→ CICLO DE VIDA
As carreiras costumam desenvolver-se dentro de determinados padrões no ciclo de vida. Vejamos:

Figura 1 Ciclo de Vida da Carreira

Preparação Entrada Início Desenvolvimento Maturidade Declínio

■ Preparação

Fase em que o profissional está estudando e fazendo os outros preparativos necessários para ingresso na carreira. O fundamental aqui é estudar o suficiente, ampliar o nível de informação sobre o mercado, desenvolver bons contatos, adquirir habilidades que poderão ser cruciais (de comunicação interpessoal, por exemplo), cuidar de todos os aspectos que aumentem a empregabilidade inicial (aparência, modos etc.). Alguns erros típicos da fase: a) não se preparar o suficiente, obviamente; b) preparar-se demais, isto é, dedicar mais que o necessário à formação – fazer cursos sucessivos, por exemplo – adiando a busca da experiência, também valiosa; e c) iludir-se com a ideia de que o curso superior, por si só, vá trazer emprego ou trabalho, o que em geral não acontece. É necessário buscar boa formação integral, inclusive nos aspectos sociais, e também arregaçar as mangas e ir à luta atrás dos caminhos que abrirão as oportunidades no futuro breve.

■ Entrada

É a fase de conquista do primeiro emprego ou dos primeiros clientes para o trabalho autônomo. Erro típico nessa etapa é pegar atalhos, aceitando a primeira oportunidade que se apresente ou desviando-se dos objetivos, por comodidade. É necessário começar do melhor modo possível, dentro das condições do profissional. Para iniciar do melhor modo, vale a pena, se necessário, deixar a casa dos pais, mudar de cidade, afastar-se do "nicho" confortável em que se vive (pessoas, lugares, atividades), aceitando mudar de vida. O que se estabeleceu no passado, por exemplo, laços de amizade, não serão desfeitos com a distância ou com o maior afastamento, que poderá até ser transitório.

■ Início

Podemos considerar início da carreira os primeiros cinco anos após a formatura. Nessa fase é fundamental buscar experiências que possam levar a um futuro promissor, ocupar cargos em diferentes áreas, experimentar, desenvolver a versatilidade, mostrar qualificação (assumindo compromissos e "mostrando serviço"). Alguns erros típicos da fase: a) privilegiar o ganho a curto prazo, negligenciando oportunidades de maior potencial futuro; b) apresentar indefinição no fim desse período, isto é, concluir a fase de início sem saber o que se quer; e c) não assumir a maturidade profissional requerida, isto é, manter um padrão de comportamento sem compromissos, ser eterno adolescente.

■ Desenvolvimento

A fase vai, mais ou menos, do quinto ano após a formatura até os 40 ou 50 anos, dependendo da área e do histórico do profissional. Usualmente há, nessa fase, uma coincidência favorável de experiência, histórico, ambição, energia e motivação para crescer. Aqui o profissional deve ganhar experiência estratégica, de comando, além de poder e credenciais. Quer dizer: ele precisa subir na escala hierárquica organizacional, na empresa em que está ou em outras estrategicamente escolhidas que possam dar suporte ao seu crescimento. Precisa também estabelecer relações sólidas e definitivas. Imersão total na responsabilidade da posição é fundamental, e desvios, como estudos avançados (exceto para quem está na carreira acadêmica ou científica), ano sabático[1] e outros, podem atrapalhar.

---

1. No sentido moderno, o termo refere-se ao período de um ano sem trabalho, que o profissional tira para refletir. Na área acadêmica, principalmente em universidades de países desenvolvidos, é um ano fora das salas de aula, dedicado à pesquisa. No mundo acadêmico, isso usualmente é um bom mecanismo para crescimento. Já no mundo executivo, salvo exceções, seu valor é duvidoso (embora algumas revistas de negócio insistam em dizer que ano sabático é ótimo).

Outros aspectos da vida do profissional (família, relações sociais, lazer) não devem ser negligenciados, mas não podem ser obstáculos ao crescimento. É necessário administrar eficazmente o equilíbrio. Uma vida familiar instável e tumultuada, por exemplo, pode drenar energias essenciais para o crescimento do profissional. Erros típicos da fase: a) acomodação; não subir o suficiente; b) hesitação – passagem não planejada e não estratégica de uma área a outra ou de uma função a outra; c) falta de investimento emocional na carreira; despreocupação com os assuntos profissionais, o que acarreta risco de desemprego e rupturas; e d) falta de previdência financeira, isto é, gastos superiores aos ganhos e não formação de patrimônio.

■ Maturidade

A fase vai, em geral, dos 45 ou 50 anos até os 70 ou 80, nos dias de hoje, em que a longevidade é a regra. O que caracteriza o início da fase é o declínio da motivação para o crescimento, da ambição, das necessidades de afirmação e *status*. O profissional saudável continua desejando o crescimento, naturalmente, mas em geral não está disposto a "matar um leão por dia" para ganhar mais ou atingir posições de poder mais elevadas. Se o profissional não atingir posições mais elevadas até o início dessa fase, a probabilidade de conquistá-las reduz-se significativamente, e é necessário controlar a frustração por não ter tido ascensão maior. É um teste emocional relevante para a qualidade de vida. O profissional sábio busca desenvolver outros interesses nessa fase, mas faz os esforços necessários para manter um grau de empregabilidade em alguma atividade de seu interesse (não obrigatoriamente em posições de comando).

■ Declínio

Declínio é parte natural da vida e da carreira. É fundamental ter condições de levar uma vida significativa e gratificante nessa etapa e isso vem da preparação feita nas fases anteriores. Aqui se justificam ações como a redução da jornada de trabalho ou dos compromissos, a mudança de natureza da atividade, a busca de ocupações alternativas etc.

→ AMEAÇAS E EVENTOS NEGATIVOS NO CICLO DA CARREIRA

■ Envelhecimento

Um estagiário com 22 anos está na idade certa, mas com 33... bem, será um estagiário "velho". Logo o adjetivo "velho", como todo adjetivo (reflete julgamento), é sempre relativo. Um diretor financeiro de grande corporação com 80 anos, se tem vitalidade, não será considerado um velho. Se tiver 50, poderá até ser considerado novo, mas, além desses aspectos sociais da percepção da idade, há o envelhecimento real. Lógico que a energia não é a mesma aos 20, 35, 45, 55 ou 65 anos.

O envelhecimento natural virá para todos, acompanhado de redução das capacidades físicas e, eventualmente, das intelectuais. Afeta a imagem, o nível de motivação para o trabalho, a disposição para enfrentar situações desafiadoras etc. Em síntese, usualmente limita o potencial de empregabilidade.

Já que o envelhecimento vem para todos, tem de ser considerado nos planos de carreira. Sempre é bom perguntar:

- Minha situação atual no trabalho é condizente com a minha idade?
- Estou fazendo o correto para um direcionamento adequado às condições das idades mais elevadas?

Se o profissional "perdeu o bonde", deixou passar oportunidades inerentes às idades inferiores, não adianta ficar lamentando. É necessário, isso sim, olhar para a frente e tratar de fazer alguma coisa para recuperar parte do prejuízo. Por exemplo, o profissional tem 30 anos e não fez curso superior. Que trate de fazer imediatamente, pois cada ano que passa é um ano a mais de oportunidades perdidas.

■ Doenças e acidentes

Embora os níveis de saúde da população sejam crescentes, e muitos hoje consigam passar a vida sem grandes problemas de saúde, é sempre conveniente lembrar que existem doenças incapacitantes ou limitadoras. Mesmo uma doença eventual e passageira, de curta duração, pode trazer uma série de custos profissionais, financeiros e sociais, dificultando ou mesmo inviabilizando a realização de metas de carreira.

Da mesma forma, os acidentes podem trazer sérias complicações para a carreira.

Já que *shit happens*,[2] como o dito popular inglês, é sempre bom ter um comportamento preventivo. O mais sábio a se fazer é manter uma conduta de "operação padrão" em relação à saúde, isto é, fazer tudo o que for necessário e certo para preservá-la. Igualmente é sensato adotar-se um estilo de vida em que os riscos de acidentes sejam minimizados. Por exemplo, praticar esportes radicais pode ser gratificante para uma pessoa que gosta disso, mas é bom que ela saiba que, do ponto de vista da carreira, isso não é aconselhável. Quem quer contratar um gerente contábil que pode não chegar na segunda-feira, por ter quebrado a perna em um esporte radical?!

■ Perda da energia realizadora

Na fase inicial da carreira tudo é novo e excitante e a motivação é natural, até porque está atrelada ao entusiasmo juvenil. Depois, tudo passa a ser conhecido e já experimentado, as situações se repetem. Surgem visões mais maduras e realistas da vida, bem como o acúmulo de decepções e desgastes emocionais. A regra, confirmada por honrosas exceções, é que haja uma diminuição na energia realizadora (inclui motivação, entusiasmo, desejo de vencer desafios e afirmar-se, ambição financeira etc.). Problemas prováveis para a carreira, naturalmente.

É prudente esperar isso para o período que tem início por volta dos 50 anos e considerar essa contingência nos planos de carreira. A perda da energia realizadora pode vir também em idades menos elevadas, eventualmente em consequência de doenças (a depressão, principalmente) ou problemas psicológicos. No caso, é importante agir rápido para reverter a situação. Muitos profissionais passam lon-

---

2. Problemas acontecem.

gos períodos com um "pique" baixo e não se dão conta disso, o que acaba trazendo prejuízos para a carreira.

■ Perda de aliados

Toda carreira bem-sucedida se desenvolve no contexto de uma rede de relacionamentos, na qual aliados dão suporte valioso ao crescimento do profissional. Contudo, acontecimentos da vida, com o tempo, podem trazer perda de vínculos importantes. As pessoas mudam-se, migram para outras profissões ou áreas, saem do circuito por uma razão ou outra. De repente, o profissional pode se ver sem suportes suficientes. Para evitar esse risco, é necessário preservar as relações com os aliados e conquistar novos parceiros todo o tempo.

■ Obsolescência

Manter-se atualizado, nos dias de hoje, requer muita energia. Isso quer dizer leitura intensiva, acompanhamento de congressos, encontros com outros profissionais, pesquisa no trabalho e fora dele. Tudo isso requer tempo, dedicação, motivação e envolvimento. Poucos são os profissionais que mantêm a qualificação crescente até o fim da vida. É natural que se perca qualificação, e essa perda pode ser mais rápida e intensa se o profissional achar um nicho confortável para viver e trabalhar. Por exemplo, se ele estiver em uma empresa do tipo "mãezona", pouco exigente e muito generosa, é natural que não evolua tanto quanto outros que enfrentam desafios maiores e são cobrados mais intensamente.

No momento atual, tudo evolui de modo muito rápido, e o risco de perder competência, ficar com o conhecimento incompatível com as demandas do mercado aumenta.

Vejamos dois exemplos comuns de obsolescência que têm atrapalhado muitas carreiras, principalmente de profissionais mais maduros:

> *Analfabetismo digital* – Não saber usar adequadamente os recursos da TI – Tecnologia da Informação –, incluindo a internet. Isso deixa o profissional vulnerável e é injustificável.
> *Analfabetismo emocional* – O estresse da vida moderna trouxe níveis de exigência bem mais elevados quanto à inteligên-

cia emocional. Não basta ser tecnicamente competente; é fundamental ter qualificação psicológica e social para agir eficazmente no mundo do trabalho: controle emocional, prevalência de emoções positivas, habilidades de relacionamento etc.

→ CONCLUSÃO

A lista dos eventos que podem trazer impacto negativo sobre a carreira é longa. O profissional que pensa estrategicamente não vive neuroticamente preocupado com esses eventuais males, mas também não deixa de contemplar sua possibilidade em seus planos. A prevenção adequada e a manutenção de planos alternativos para as eventualidades farão bem à carreira.

Desenvolvimento pessoal e profissional

De modo simples e direto, podemos dizer que aprender é mudar para melhor nossa maneira de sentir, pensar e agir. Ao aprender, a pessoa torna-se mais apta a obter maior gratificação em sua vida, melhor qualidade de vida. E torna-se também mais habilitada a contribuir com maior eficácia na produção de bens e serviços de todos os tipos que a sociedade requer, no nível de qualidade crescente que é requerido.

Desenvolvimento pessoal e profissional é o processo de aprendizagem constante, que leva a pessoa a adquirir sentimentos, formas de pensar e comportamentos mais adequados, para viver melhor e trabalhar mais eficientemente. Esse processo depende do meio em que a pessoa vive e da sua própria atuação, no sentido de superar restrições desse meio ou de aproveitar os estímulos que ele dá.

→ ROMPENDO COM AS INFLUÊNCIAS NEGATIVAS DO AMBIENTE

Os ambientes podem ser favoráveis ou desfavoráveis ao desenvolvimento e crescimento pessoal. Uma família, por exemplo, pode constituir um ambiente favorável a que a pessoa adquira maior autoestima, autoconfiança, responsabilidade, motivação para o trabalho, estímulo à criatividade. Ou pode ser o contrário de tudo isso. O mesmo se pode dizer do grupo social em que a pessoa vive, da empresa em que trabalha, da igreja que frequenta e até do país em que vive.

Um ambiente é nefasto quando:

> Busca controlar a informação a que a pessoa tem acesso, por meio de proibição, censura ou "recomendação" dirigida.
> Desestimula o estudo universal, a ida à escola, a busca de maior entendimento da ciência, da política, da vida social.
> Apresenta muitas "verdades" que não podem ser questionadas pela pessoa.
> Pune, de algum modo, a expressão de ideias diferentes.
> Sugere às pessoas que elas têm de se contentar com seu estado de desenvolvimento atual e que não é necessário evoluir.
> Mantém programas de pregação ou persuasão intensivos.
> Vigia as pessoas, para evitar desvios de comportamento.

É lógico que alguns ambientes saudáveis apresentam uma ou outra dessas características. Por exemplo, uma religião consciente e genuinamente avessa à manipulação pode ter seus dogmas, suas verdades absolutas. É impossível uma religião sem dogmas, pois, no mínimo, ela tem de impor que os fiéis acreditem na existência de Deus. Igualmente, uma empresa pode e deve vigiar as pessoas, para que seus comportamentos se enquadrem em padrões requeridos. O dogma de uma religião, genuína, ou as regras da empresa organizada não tornam seu ambiente ruim para o crescimento pessoal. O problema é aquela organização que apresenta em alto grau todos ou muitos desses itens descritos.

O que o profissional pode fazer se o ambiente que o cerca é nefasto para seu desenvolvimento? Muito. Vejamos:

> *Aprender a ver o ambiente com um olhar crítico*, para perceber seu lado negativo. Será que aquelas "verdades" que vêm desse ambiente são efetivamente sustentáveis ou são mitos, *enrolação* ou o modo equivocado de encarar as coisas? Ao fazer para si mesmo essa pergunta, de modo radical, o indivíduo se habilita a livrar-se de uma família negativa ou da religião que não contribui para seu desenvolvimento, ou, ainda, de uma empresa que trava seu crescimento.

- *Fazer um exame honesto de suas próprias ideias, emoções e comportamentos.* Até que ponto tudo isso está contagiado por *vírus* inadequados do ambiente onde vive? Por exemplo, se o ambiente incita o ódio contra pessoas de determinado perfil, isso pode contagiar – e atrasar o desenvolvimento pessoal. Conhecer os próprios sentimentos, comportamentos e pensamentos ineficazes é o primeiro passo; o segundo passo é substituí-los por outros mais adequados.
- *Expor-se a outras formas de sentir, pensar e agir.* Por meio da convivência com outros grupos, da busca de informação diferente daquela intencionalmente veiculada em seu ambiente, da conversa com os "diferentes", pode-se adquirir base para uma ruptura.
- *Adquirir a coragem de mudar, resistindo às pressões.* O ambiente nefasto pressiona para a acomodação e o enquadramento do indivíduo. Mudar pode ser rejeitar aquilo que os entes queridos aprovam ou desejam. Com sabedoria e coragem, a pessoa deve levar os que a cercam a compreender que tem suas próprias ideias, sentimentos e comportamentos, e que esses não inviabilizam as boas relações e a permuta de afeto.
- *Abandonar o grupo, quando inevitável.* Qualquer grupo social traz conforto, mas conforto e crescimento nem sempre andam juntos. Pode acontecer que o crescimento demande o rompimento com o grupo. Isso não quer dizer cortar os vínculos, mas manter comportamentos, sentimentos e pensamentos divergentes em espaços diferenciados.

→ FAZENDO A SUA PARTE

Analise as três frases abaixo:

- Eu queria estudar, mas meus pais eram atrasados e não deixaram.
- Eu sonhava trabalhar no comércio, mas minha mulher sempre foi muito ciumenta e atrapalhou.
- Eu tinha jeito para o futebol e poderia ter sido profissional, mas nunca tive uma chance.

O que essas frases têm em comum? Todas são desculpas para o fracasso. Note que as pessoas que as dizem estão culpando o ambiente por terem fracassado: os pais, a esposa, os outros (dirigentes de futebol que não vieram buscar o sujeito na casa dele). A pessoa vitoriosa estuda, apesar dos pais atrasados, sem apoio desses, com dificuldade, e fazendo sacrifícios. Igualmente, esposas ciumentas podem ser persuadidas e até envolvidas em um projeto de atuação na área comercial. Por fim, a maioria dos que conseguiram um lugar ao sol foi bater às portas das oportunidades – e não ficou meramente esperando por convites.

Muitas pessoas passam a vida de braços cruzados, reclamando dos pais que não lhes deram a criação adequada, da escola que não lhes ensinou, da empresa que não as colocou na presidência! Reclamar e lastimar não resolve nenhum problema.

É verdade que quase sempre os outros têm parcela de culpa pelo insucesso de alguém. Contudo, no interesse próprio, é preciso saber que, como não conseguimos controlar os outros, torná-los adequados às nossas expectativas, é bom não ficar esperando por eles. As pessoas têm suas vidas, seus valores, suas formas de pensar e seus comportamentos. Se a conduta delas for favorável ao nosso desenvolvimento, ótimo, se não for, não adianta reclamar. O único comportamento saudável que podemos ter é arregaçar as mangas e buscar por conta própria nossas metas.

Pessoas que culpam os outros por seus fracassos ou esperam pelos outros para ter sucesso são dependentes crônicos. Em benefício próprio, é bom que cresçam emocionalmente, pois sua carreira depende disso para deslanchar adequadamente.

→ O PROCESSO DE DESENVOLVIMENTO

Desenvolver-se, já vimos, é mudar para melhor. A pessoa pode querer mudar seus conhecimentos, ampliando seu saber em uma área qualquer. Pode, por outro lado, querer adquirir uma habilidade nova, por exemplo, a capacidade de tocar um instrumento. Pode desejar alterar um quadro emocional, por exemplo, deixar de ser tímido e tornar-se mais sociável. Pode ainda querer mudar um comportamento menos adequado, por exemplo, a alimentação excessiva e inadequada.

O processo tem início quando a pessoa propõe um desafio para si mesma, uma meta de melhora. Não é uma meta externa, como a de ganhar dinheiro, mas um objetivo relacionado com a qualificação pessoal. Quem não tem nenhuma meta de melhora, seja porque está repousando na zona de conforto, seja porque não acredita no próprio potencial de crescimento, não avança. O desafio, para que dê o estímulo necessário e leve efetivamente ao crescimento, tem de ser superior à capacidade atual de realização do sujeito (seta tracejada, na figura a seguir). Ou seja, superar-se é o caminho!

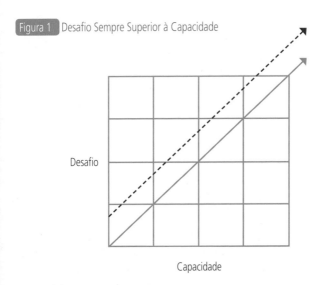

Figura 1 — Desafio Sempre Superior à Capacidade

A partir do momento em que a pessoa tem efetivamente um objetivo, é preciso trabalhar para realizá-lo. Se este contém real desafio, o esforço tem de ser correspondente, isto é, é necessário aplicar uma força extra em relação ao que se faz hoje. Sem transpiração não há crescimento ou, como diz o velho ditado inglês, provavelmente tirado de algum tópico da sabedoria dos antigos gregos: *no pain no gain* (sem dor não há ganho).

Esforço persistente é fundamental. O desenvolvimento pode ser visto no prisma de uma Curva em "S". No início do processo, está a área crítica, porque requer resistência individual à frustração; o aprendizado produz resultados modestos, que não aparecem. Em decorrência do esforço intenso com baixos resultados, muitas vezes as pessoas desistem. Com a persistência e a acumulação do aprendizado, os resultados começam, a partir de um ponto, a aparecer e a acelerar-se – é a decolagem. A pessoa sente que está evoluindo, e isso traz motivação e maior esforço de crescimento. Por fim, há a etapa do sucesso: os resultados se estabilizam. Usualmente, é o ponto em que a pessoa atingiu o que almejava ou chegou ao limite de sua capacidade.

Figura 2 Curva em "S" do Desenvolvimento

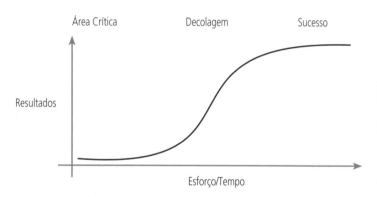

A linha do desenvolvimento parece regular na ilustração, mas na vida real não é assim, naturalmente. Os altos e baixos do crescimento pessoal fazem com que essa curva seja marcada pela irregularidade, contemplando quedas, retrocessos, desaceleração, enfim, as idas e vindas inevitáveis. O importante é manter o esforço constante com visão de longo prazo, isto é, como diz o ditado: "devagar e sempre".

→ **MOTIVAÇÃO E ENTUSIASMO**

Não é necessário dizer que sem motivação e aquela chama interna do entusiasmo não se realiza nada. O problema é que a motivação pode ser afetada por *n* fatores e muitas vezes ela cai sem que a pessoa se dê conta disso. Por exemplo, uma depressão faz com que a perspectiva da pessoa se estreite, que não veja sentido em nada e, se não tomar consciência de que está doente e procurar tratamento, isso pode arrasar sua carreira.

Se a pessoa é jovem, o estado emocional natural e saudável é o de ter vontade de crescer, de aprender, de ganhar mais poder, de conquistar metas. Alguns querem se tornar artistas, outros almejam postos de comando em organizações, outros poderão visar a conquista política, mas o natural é ter ambição saudável. Quando isso não acontece ou não acontece na intensidade desejável, um sinal de alerta deve acender, para a própria pessoa e para aquelas outras efetivamente empenhadas em ajudá-la: pais, professores, chefes, colegas.

Se o nível de motivação está insuficiente, é necessário, primeiro, buscar a causa. Isso pode requerer conversa com pessoas mais experientes, discussão com especialistas em orientação de carreira, terapia ou consulta a médicos. Todo esforço é válido para um diagnóstico adequado do problema.

Descoberta a causa, é necessário atacar o problema de frente. O tempo não perdoa quem perde o bonde por falta de ação. Se o problema da carência de motivação não for devidamente atacado, acaba-se criando um círculo vicioso: baixa motivação leva a pouca energia no trabalho, que conduz ao fracasso ou ao sucesso medíocre, que cria desestímulo e baixa motivação...

→ PROBLEMAS VIRÃO

O crescimento profissional demanda a conquista de posições mais elevadas na área de atuação e por isso é um processo de superação de obstáculos com dificuldade progressiva. Por exemplo, se a pessoa começa a crescer em importância na hierarquia de uma organização, passa a ter concorrência de pares mais qualificados que também almejam posições mais elevadas. Se, por outro lado, avança na área acadêmica, terá de estudar questões mais complexas e apresentar resultados em níveis mais elevados. Há, então, um conjunto de dificuldades naturais no processo de crescimento.

Alguns exemplos de problemas que podemos antever para um profissional em crescimento:

> *Questões mais complexas e problemas mais desafiadores* – A experiência mostra que, quanto mais alto o nível do cargo que se ocupa, mais sozinha está a pessoa na solução dos problemas. De um lado, os problemas são mais complexos, e as informações, mais escassas; de outro, há cada vez menos pessoas a serem consultadas na busca de solução.
> *Oposição e concorrência desleal* – Assim como a pessoa em evolução na carreira conquista aliados, angaria também opositores que, por mera antipatia, por interesse próprio, ou até por inveja, tentarão criar dificuldades. A concorrência limpa, por si só, já traz dificuldade, mas pode-se esperar também aquela desleal, que apelará para o jogo sujo em diversos graus.
> *Pressão* – Quem chega mais alto tem maiores níveis de responsabilidade perante acionistas, sócios, clientes ou usuários de serviços, coletividade. Recebe uma dose maior de pressão, naturalmente.

Somam-se a estes os problemas de natureza pessoal, trazidos pelas relações familiares, pela vida social, pela saúde etc.

Já que os problemas são parte do jogo, é necessário administrar a vida e a carreira de modo a minimizá-los, se possível, ou a reduzir seu impacto quando a ocorrência for inevitável. Isso sugere atuação em duas linhas: 1) prevenção, adoção de medidas para que os fatos negativos não ocorram; e 2) aquisição de resistência, da capacidade de superação das adversidades que vierem.

→ PREVENÇÃO

Uma jovem provém de uma família de modestos recursos, de um meio que não ajuda no crescimento. No entanto, tem talento e motivação e vai avançando no desenvolvimento pessoal até que vislumbra a possibilidade de crescer profissionalmente, galgar posições mais elevadas. Essa vontade de crescer passa, entretanto, ao ser vista como uma ameaça pelo namorado, que, de forma sutil, começa a minar a motivação da jovem e a fazer chantagem emocional para que ela não tome determinadas decisões (por exemplo, a de ir para a faculdade). A jovem deixa-se levar pelas emoções e se casa com esse namorado, acomodando-se às expectativas dele. Fim do crescimento na carreira.

Há os problemas naturais e os criados desnecessariamente pela pessoa, em decorrência de decisões apressadas, irrefletidas, emocionais. A busca da sensatez, do conselho, da reflexão adequada antes da decisão, do devido tempo para agir é a melhor receita preventiva. Deve-se tomar particular cuidado com o casamento, a sociedade, os contratos de modo geral, os compromissos de aval etc.

É conveniente que a pessoa treine para ter alertas mentais automáticos que a ajudem a evitar problemas, comandos que acorrem à sua mente sempre, na iminência de qualquer ocorrência perigosa. Seria uma espécie de voz interior que daria um alerta, sempre que o perigo aparecesse. Estabelecidos como hábitos de operação mental, lembretes, os comandos atuam de modo a levar a pessoa a uma parada para refletir e, então, decidir do melhor modo.

A seguir, exemplos de comandos que podem ser úteis.

No trânsito:
➢ Segurança em primeiro lugar
➢ Equilíbro e tranquilidade

Nos contratos:
➢ Sem pressa
➢ Analise todos os aspectos
➢ Não decida sob influência da parte interessada

Nos comportamentos:
➢ Nada ilegal
➢ Nada antiético

Nos relacionamentos sentimentais:
➢ Paixão com sensatez
➢ Paixão sem más decisões

→ RESISTÊNCIA

O jovem em início de carreira vem sonhando com uma promoção, mas é preterido: seu colega é promovido e ele deverá esperar pela próxima oportunidade. Fica decepcionado e transtornado e isso acaba por afetar seu trabalho, resultando em sua demissão alguns meses depois. Um ponto a menos no desenvolvimento da carreira. Faltou resistência emocional para superar a decepção e continuar no trajeto de crescimento.

Como os problemas poderão vir, é necessário desenvolver a resistência para enfrentá-los e superá-los. Essa envolve os seguintes ângulos, combinadamente:

- Físico – Qualificação física leva a melhor desempenho mental e emocional. Manter a forma é importante para evitar problemas e para resistir melhor quando estes ocorrem.
- Emocional – Autodomínio e autogoverno, controle das emoções negativas, eis alguns itens da inteligência emocional que podem e devem ser desenvolvidos.
- Financeiro – Uma poupança é uma ajuda de valor inestimável para enfrentar problemas. É fundamental poupar.
- Social – Boas relações formam uma rede de apoio de grande valor quando os problemas ocorrem.

Uso inteligente dos recursos próprios

Em definição ampla, podemos dizer que recurso é qualquer item capaz de produzir riqueza ou facilitar a realização de objetivos. Há os recursos materiais, como um móvel, um microcomputador; os recursos humanos ou derivados das pessoas, como o trabalho, as ideias, as credenciais; e os recursos financeiros e econômicos, como dinheiro e bens de todos os tipos.

Na estratégia de carreira, como em qualquer outro tipo de estratégia, temos, de um lado, os recursos e de outro, os resultados. A finalidade da estratégia é fazer o uso mais inteligente possível dos recursos para ampliar os resultados.

Figura 1 Recursos x Resultados

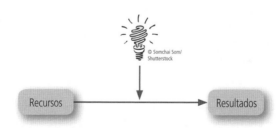

Como já mencionamos, recursos são pontos fortes da pessoa e têm de ser considerados na estratégia de carreira. Muitas pessoas deixam de usar os recursos que têm à disposição. Com isso, avançam menos que poderiam em suas carreiras. Essa subutilização dos recursos decorre principalmente da ignorância sobre a existência e o valor dos recursos disponíveis. É fundamental ter em mente, com clareza, quais são eles e usá-los com sensatez.

→ IDENTIFICAR OS RECURSOS COM QUE SE PODE CONTAR

A pessoa é particularmente bonita, mas nunca pensou que isso pudesse ter algum valor. Óbvio que tem, em todas as áreas. Há o caso mais perceptível das pessoas que vivem da beleza, como modelos, e há também as vantagens menos flagrantes, mas reais, para pessoas de outras profissões. A beleza desperta simpatia, abre portas, torna a pessoa mais elegível para um grande número de trabalhos. É evidente que por si só pode não se sustentar, mas, guardadas iguais outras condições, é pontuação para a pessoa que a tem. O mesmo se pode dizer de uma destacada habilidade de lidar com gente, como algumas pessoas têm. Bem usada, essa habilidade será um trunfo de alto valor.

É importante que o profissional faça a identificação completa de tudo o que pode usar como recurso:

- ➢ Dinheiro e bens
- ➢ Fontes de financiamento
- ➢ Características pessoais destacadas – beleza, capacidade atlética, talento especial, entre outras
- ➢ Relacionamentos
- ➢ Imagem e reputação positivas
- ➢ Credenciais
- ➢ Conhecimentos específicos
- ➢ Etc.

→ USAR EFETIVAMENTE OS RECURSOS EXISTENTES

Algumas pessoas conseguem até identificar um item de valor, mas por qualquer razão resolvem não o usar, o que normalmente é um erro. Voltemos à questão da pessoa bonita. Muitas vezes ela percebe que causa impacto pela beleza, mas evita usar o dote que tem porque "deseja ser valorizada pelo que é e não pela aparência". Ora, ser bonita e aparecer como bonita não impede a pessoa de ser valorizada também por outras qualidades. É sensato que busque as atividades em que a beleza é um requisito e também que use a beleza naquelas funções em que essa qualidade é relevante, por exemplo, na divulgação de sua empresa.

O profissional que tem dificuldade em usar um recurso qualquer – relacionamentos, imagem, credenciais – deve tentar descobrir qual é o obstáculo psicológico que está atuando nessa barreira. Pode ser que sejam ideias mal concebidas sobre ética, baixa autoestima, autonegação ou autossabotagem. Em benefício de sua própria carreira, é bom que supere esses problemas e use aquilo que a natureza ou a vida social lhe trouxe, pois não o fazer é desperdício.

→ USAR EFICIENTEMENTE OS RECURSOS

Um profissional tem uma excelente rede de relacionamentos. De repente, tem uma necessidade pequena e corriqueira qualquer e telefona para um amigo pedindo ajuda para saná-la. Ora, aqui há grande probabilidade de estar ocorrendo um mau uso da rede de relacionamentos. Qual é a lógica? É a seguinte: se a pessoa acionar um conhecido para resolver um probleminha, poderá causar descontentamento e até irritação no outro, fechando as portas para futuras colaborações mais importantes. Há certos favores que não podem e não devem ser solicitados, pois o que se está pedindo é sem importância e dará trabalho ao outro – o que causa decepção.

Usar eficientemente os recursos é pensar antes de tomar as decisões, adquirir hábitos saudáveis quanto a acúmulo, preservação e aplicação dos recursos. A seguir, veja alguns exemplos do que fazer.

Recursos	Comportamentos adequados
Dinheiro e bens	■ Sempre leve em conta a relação custo-benefício, em qualquer decisão ■ Sempre compare alternativas de preço/qualidade ■ Aprecia a negociar, a solicitar desconto ■ Busque formas criativas de permutar
Fontes de financiamento	■ Conheça as modalidades de crédito à sua disposição e use sempre as mais baratas ■ Fuja de juros rotativos de cartão de crédito e de cheque especial ■ Sempre que possível transforme dívidas de curto prazo (e juros altíssimos) em dívidas de longo prazo ■ Preserve seu crédito
Características pessoais destacadas – beleza, capacidade atlética, talento especial etc.	■ Valorize na medida certa suas qualidades – não as supervalorize e nem subvalorize ■ Use os mecanismos aecessários para que as qualidades sejam alavancas para seu crescimento
Relacionamentos	■ Evite ser um "pedinte profissional", que só busca os outros quando necessita deles ■ Lembre-se das datas relevantes, como o aniversário, as comemorações de fim de ano ■ Não se ausente em eventos relevantes para os quais é convidado: casamentos, aniversários
Imagem e reputação positivas	■ Procure aparecer, para que sua imagem e reputação sejam conhecidas de mais pessoas, mas use atitudes éticas e elegantes de expor-se ■ Evite virar "figura fácil", que se superexpõe ou "está em todas"
Credenciais	■ De modo adequado, informe aos outros suas credenciais
Conhecimentos específicos	■ Aplique o conhecimento em suas atividades ■ Use seus conhecimentos na justificativa de suas atitudes (explique aos outros o que está fazendo ou propondo e por quê)

→ PRESERVAR OS RECURSOS PARA USO FUTURO

Vivemos no Brasil, com sol brilhando praticamente o ano todo, uma terra exuberante, uma natureza generosa. Com isso, não valorizamos certos comportamentos preventivos, tão comuns em países em que o clima ou o ambiente eventualmente apresentam-se desfavoráveis. Entretanto, é fundamental manter em mente o ditado: "Não há mal que sempre dure nem bem que nunca acabe." Preservar os recursos é imprescindível e isso precisa ser feito, naturalmente, enquanto são abundantes.

Exemplos de condutas de preservação:

- Na juventude, há saúde de sobra, mas não se deve adotar hábitos capazes de trazer problemas para o futuro, como fumar, beber em excesso, castigar o corpo e a mente com um estilo de vida inadequado e se expor a riscos desnecessários de acidentes. Por exemplo, excesso de esforço em determinado esporte, com desatenção às regras de boa prática, pode trazer dores lombares sérias numa idade mais elevada, quando a pessoa estará no auge da carreira. Quando se sente dor, tudo fica naturalmente mais difícil. É necessário ter uma visão de preservar a saúde para quando a pessoa mais vai precisar dela, no futuro, quando começarem a aparecer os sinais da idade.
- Há tempos bons em que a receita financeira vai bem, há sobra de caixa. Não se deve consumir toda a sobra, mas, sim, preservar parte dela para momentos não tão favoráveis que poderão vir no futuro.
- Há fases em que a empregabilidade é alta, pois a pessoa está na idade certa e na condição certa para tornar-se atrativa para os potenciais empregadores. Nessa circunstância, a construção de uma reputação adequada é mais importante que ficar mudando de emprego de modo mercenário e impensado, correndo atrás de uns trocados a mais. A conduta errática e oportunista é negativa e pode comprometer futuras oportunidades.

→ BUSCAR ACUMULAR RECURSOS

O foco das pessoas frequentemente é ganhar mais. Nada errado em querer ganhar mais, mas isso, do ponto de vista do crescimento na carreira, está equivocado. O enfoque deve estar em acumular recursos, o que quer dizer uma combinação adequada de: 1) ganhos maiores; 2) investimento produtivo – de tempo, dinheiro, esforços; e 3) preservação dos recursos. Muitas vezes a pessoa consegue atingir a meta de ganhar mais, mas de tal maneira que compromete as demais metas. Por outro lado, é possível, em alguns casos, ganhar menos e ampliar a capacidade de acumular recursos.

Os recursos são a riqueza e a arma do profissional. Acumulá-los é essencial para manter a competitividade e a capacidade de crescer. Quem dá ênfase na acumulação de recursos, na condução de sua carreira, amplia permanentemente sua capacidade de gerar renda.

Opção entre emprego ou atividade por conta própria

Alguns anos atrás, em um dia de semana qualquer, ali pelas duas horas da tarde, um colega e eu estávamos entrando em uma casa velha no bairro Bela Vista, em São Paulo, carregando um teclado e um violão. Naquela casa funcionava um estúdio e tínhamos marcado hora para tocar um pouco. No momento que entrávamos, um outro colega passou de carro e acenou para mim. Ele sabia que eu não tinha emprego e vivia por conta própria. Esse colega, passados alguns meses, deixou o emprego e passou ele próprio a viver como autônomo, realizando serviços técnicos em sua área de competência. Então, ele disse que tomou a decisão de deixar o emprego quando me viu entrando no estúdio em pleno horário comercial, para tocar. Esse era o estilo de vida que pretendia ter.

Carreira e estilo de vida têm relação necessária e direta. Necessitam ser pensados em conjunto. As decisões de carreira são divergentes, quer dizer, há caminhos alternativos que não podem ser escolhidos simultaneamente. É fundamental optar e saber que a opção traz ganhos e perdas. Tal é a decisão de ter um emprego ou viver por conta própria. Vejamos:

→ EMPREGO

Há diferentes tipos de empregos: na área pública, na área privada, com diferentes caracterizações de horário, nível de exigência e de ganhos, grau de segurança etc.

Provavelmente os melhores empregos no Brasil de hoje estão na área pública. Quando se compara o custo (exigência de qualificação e dedicação) com os benefícios (condições de trabalho, ganhos, segurança social), os empregos públicos usualmente são mais atraentes. Eis por que a quantidade de candidatos por vaga é elevada em qualquer concurso. Em alguns casos, o emprego no governo fica muito aquém do ideal, como na área da saúde, mas, em geral, quando é essa a situação, ele é uma alternativa à inexistência de trabalho na área do mercado. Nesse caso, embora não ideal, é real – melhor que nada. No entanto, salvo tais exceções, os empregos na área pública são hoje atraentes, em seus diferentes níveis.

Há bons empregos também na área privada, principalmente nas grandes corporações com tradição de bom tratamento ao seu pessoal. Algumas empresas já superaram os traumáticos tempos do *downsizing*, os enxugamentos de pessoal das décadas de 1980 e 1990 e conseguiram superar os problemas de mercado como organizações sólidas e rentáveis, capazes de pagar bem e oferecer bons planos de benefícios e carreira aos funcionários. No geral, os níveis de exigência quanto a requisitos de contratação são bastante elevados.

Bons empregos, na área privada, existem também em pequenas organizações, mesmo em empresas familiares (usualmente muito criticadas), em organizações não governamentais, incluindo aquelas do terceiro setor.

Contudo, ao lado de empregos bons, há os ruins – no governo, na grande corporação ou em outras organizações. Então, é bom considerar que o emprego por si só não é uma alternativa boa nem ruim. Será boa, se for bom, evidentemente. Tudo é relativo.

→ ATIVIDADE POR CONTA PRÓPRIA

Muitas pessoas que vivem por conta própria o fazem por não terem oportunidade de emprego. Como diria um escritor modernista brasileiro, o sapo não pula por boniteza, mas por precisão. Excluídos do mundo do trabalho, uma boa parte dos integrantes da força de trabalho nacional tem de ir à luta para ganhar o pão e, com ou sem vontade, com ou sem qualificação, partem para as atividades empreendedoras.

Muitos aceitariam de bom grado um emprego estável, que propiciasse o ganho mínimo necessário para sua subsistência. Esse raciocínio vale não só, mas principalmente, para pessoas com níveis mais baixos de qualificação. Atualmente, há profissionais com boa qualificação que não encontram espaço de atuação no mundo do emprego e são obrigados a atuar por conta própria, mesmo sem vocação ou perfil.

No entanto, há igualmente um percentual dos integrantes da força de trabalho que opta pela atividade por conta própria por vocação ou oportunidade. A vocação impulsiona aqueles que têm espírito empreendedor e a oportunidade – atividade financeiramente atraente que se apresenta à pessoa – convence profissionais que não tinham pretensão de atuar por conta própria, mas acabam o fazendo por interesse.

É bom mencionar que a atividade por conta própria não quer dizer necessariamente ter um negócio. Longe disso. Hoje há duas categorias de atividade por conta própria, a saber:

> - *Negócios* – Incluem desde os pequenos estabelecimentos até empreendimentos de maior porte. Usualmente têm uma organização, estrutura de custos, instalações específicas etc.
> - *Atividades autônomas* – O mercado moderno, sofisticado e diversificado oferece oportunidade de atuação autônoma em diferentes segmentos: prestação de serviços técnicos, consultoria, representação etc. Há um sem-número de pessoas que vivem por conta própria sem ter empresas no sentido real da palavra: organização, instalações, empregados, estrutura de custos etc. Alguns têm pequenas estruturas de apoio. Outros, nem isso.

Há uma razoável diferença entre os que vivem por conta própria. Usualmente o empreendedor, por ter de ficar à frente de um negócio, tem menos controle sobre o próprio tempo. Caso o empreendedor consiga montar uma organização eficiente e atingir o sucesso no negócio, muitas vezes ele pode delegar tarefas e ficar livre para usar seu tempo como bem lhe aprouver. Caso raro, seja porque o empreendedor usualmente gosta do comando, seja porque é difícil chegar a esse negócio ideal. De modo geral – mas não universal –, o autônomo é o profissional que tem a maior liberdade de ação e de uso do seu tempo. Por ter responsabilidades significativamente menores que as do empresário e demandas organizacionais igualmente mais reduzidas, ele pode dar-se ao luxo de usar o tempo com maior liberdade.

Figura 1 Emprego × Conta Própria

Emprego		Conta Própria	
Mercado	Governo	Atividade autônoma	Empresa
Vantagens		Vantagens	
Razoável estabilidade	Grande estabilidade	Grande liberdade	Razoável liberdade
Razoável segurança	Grande segurança	Razoável autonomia	Grande autonomia
Desvantagens		Razoável potencial de crescimento financeiro	Maior potencial de crescimento financeiro
		Desvantagens	
Limitações funcionais	Limitações funcionais	Instabilidade	Risco
Menor liberdade	Menor liberdade	Carência de suporte estrutural	Elevado nível de responsabilidade
	Desenvolvimento lento	Menor poder de realização	

As vantagens e desvantagens apresentadas na figura são, naturalmente, usuais e não universais. Do mesmo modo, as considerações do quadro dificilmente se enquadram na condição dos profissionais que estão muito acima da média quanto a sucesso. Há empregos de altíssima gratificação na área governamental, assim como há empregos milionários na área privada. Há profissionais autônomos com faturamento e potencial futuro de ganho muito superior ao de milhares de empresas, assim como há empreendedores de sucesso extraordinário, que os leva a uma vida de realizações e poder elevadíssimos.

→ EMPREGO X CONTA PRÓPRIA

É melhor ter um emprego ou viver por conta própria? Muita gente perde tempo precioso em empregos sem futuro nos quais seu talento e dedicação são subutilizados. Outros tentam em vão consolidar-se como empreendedores, mas estariam muito melhor em um emprego. Assim, emprego ou atividade por conta própria pode ser bom ou ruim, dependendo de três variáveis principais: o perfil da pessoa, seus objetivos e as oportunidades que tem.

■ O perfil da pessoa

Um casal de profissionais com alta qualificação acadêmica e científica, ambos em transição de carreira, apresentou-se a mim, buscando orientação. Marido e mulher estavam na faixa dos 45 anos, tinham bons históricos de desempenho acadêmico, haviam trabalhado igualmente em empresas boas, na área de pesquisa. Ambos tinham jeito de cientista: olhares distraídos, desligados do mundo, voltados para assuntos intelectuais e abstratos. Seu sonho: abrir um *pet shop*. Ainda bem que tiveram a sensatez de buscar ajuda, pois esse sonho não tinha a menor viabilidade, principalmente por não terem eles o perfil adequado para gerenciar o negócio.

Fiz algumas poucas perguntas a eles:

➢ Imaginemos que vocês estivessem em casa almoçando e a funcionária do *pet shop* telefonasse dizendo que há um fiscal corrupto na loja, desejando ganhar uma propina. Vocês achariam isso agradável? A resposta deles foi que essa situação seria absolutamente desgastante.
➢ Imaginemos agora que vocês estão em casa às 23 horas e alguém telefona dizendo que o alarme da loja disparou e que é necessário

ir lá desarmá-lo. Gostariam dessa tarefa? Confessaram que preferiam passar horas estudando um assunto complicado (teriam prazer) e fazer uma conferência sobre ele que ir cuidar do bendito alarme. Por outro lado, boa parte dos pequenos empreendedores pagaria caro para não ter de ler um livro complicado!

➤ Imaginemos agora que vocês tenham "investido" em um funcionário, pagando a faculdade dele por três anos, e ele entra com ação trabalhista contra vocês. O que sentiriam? Desgaste emocional muito, muito complicado, confessaram.

Bem, essas poucas perguntas foram suficientes para mostrar que o sonho do *pet shop* facilmente se transformaria em pesadelo. Aquele casal foi mais talhado para a vida intelectual e não para as pequenas agruras e dificuldades do mundo das interações nos pequenos negócios. Darão seguramente maior contribuição à sociedade e a si mesmos em uma atividade intelectual.

Eis algumas diferenças do empreendedor e executivo em relação ao acadêmico e consultor autônomo:

➤ Mais realismo e menos idealismo no trato com as pessoas.
➤ Gosto pela negociação e para a busca da vantagem financeira pessoal.
➤ Gosto por fazer coisas, produzir concretamente, e menos interesse por planos e projetos.
➤ Gosto pela interação humana, pela convivência.
➤ Gosto pelo controle do ambiente, dos ativos, dos trabalhos, dos processos – e menos pela divagação com ideias e questões teóricas.

Mais um caso ilustrativo: o profissional desejava montar o próprio negócio após uma carreira de sucesso como executivo do comércio. Em uma breve conversa, percebi que ele:

➤ Tinha altíssimo envolvimento com as tarefas que lhe eram propostas no emprego, a ponto de trabalhar de 10 a 12 horas por dia, por exemplo, para tirar uma loja do "vermelho", quando a diretoria passou-lhe esse desafio.

- Gostava de desafios maiores, com riscos elevados, envolvimento de muita gente, muito dinheiro e muita responsabilidade.
- Não só aceitava bem, mas apreciava bastante, a vida organizacional, com sua política eventualmente "apodrecida" por jogo sujo de colegas. Na verdade, "navegava" bem nesse ambiente, mesmo que o clima não estivesse perfeito.
- Apreciava a ação – viagens, reuniões, conferências com o pessoal de lojas, visitas a fornecedores, negociações demoradas e atividades sociais de negócios.

Será que um negócio próprio, em fase inicial (que pode durar anos a fio), vai dar essa "diversão" toda? Lógico que não. Ficou patente que aquele profissional estava muito mais talhado para a vida executiva, com atuação em grandes empresas, que para a atividade de empreendedor, que ofereceria modestas chances de atuação pessoal com tarefas de alto desafio.

Em síntese, antes de optar por emprego ou atividade por conta própria, quando a pessoa tiver a oportunidade de escolher, é aconselhável pensar bem sobre qual é seu perfil. Isso inclui competências específicas, valores, credenciais etc. (como vimos em capítulo anterior).

■ Os objetivos pessoais

A pessoa quer porque quer ficar rica, para suprir humilhações que sentiu pela condição de pobreza na infância. Digamos que a motivação econômica seja central em sua vida e seja madura e saudável, não neurótica: a pessoa está consciente, aceita-se como ambiciosa, gosta de si mesma e é feliz com essa condição de gananciosa. Em princípio, nada errado: há pessoas fanáticas por futebol, algumas adoram a vida no campo e outras gostam de ganhar dinheiro.

Essa pessoa ambiciosa precisa procurar algo em que vá ter maior oportunidade de realizar seu sonho financeiro. Um emprego provavelmente não é a melhor opção. Essa pessoa está disposta a arregaçar as mangas e ir atrás de seu pote de ouro para valer? Então, o caminho certo é a livre-iniciativa: como autônomo ou empreendedor ela terá maior probabilidade de atingir suas metas.

Se o objetivo pessoal for ter uma vida familiar estável e tranquila, com dedicação de boa parte do tempo aos filhos, cônjuges, parentes e amigos, com fixação de residência em uma região específica, é melhor pensar bem antes de aceitar um emprego desafiador em uma grande corporação. Esta provavelmente pedirá que os objetivos pessoais fiquem em segundo plano. Poderá solicitar que a pessoa mude de cidade, de acordo com a estratégia empresarial. Dizer não é condenar a carreira e ter uma relação insustentável com o empregador. No caso, um emprego público ou um cargo menos importante em uma organização menor e local poderão dar o melhor retorno, considerando os objetivos pessoais.

■ As oportunidades

Podemos dizer que há pelo menos três tipos de motivação para o início de atividades por conta própria:

- ➢ *Necessidade* – A pessoa não encontra emprego e não tem outra alternativa a não ser empreender algo à altura de sua qualificação, seja a venda de balas no farol de trânsito, seja a busca de atividade de consultoria gerencial ou treinamento. Muitos começam empurrados pela necessidade (às vezes, até pela fome) e acabam encontrando sua vocação verdadeira ou o sucesso. É curioso constatar que muitas pessoas que se destacaram nos negócios optaram pela livre-iniciativa por se revelarem incapazes (às vezes por rebeldia) de integração nos empregos e tiveram de achar outros caminhos.
- ➢ *Vocação* – A pessoa tem um genuíno desejo de "fazer algo", de construir um negócio de valor, de expressar-se por meio dele. Esse impulso não é aquele fantasioso e superficial que não resiste a um questionamento mais agudo. É algo real e sólido. Minha experiência mostra que são poucas as pessoas que têm tal vocação. Outros gostos e interesses da vida atraem a maioria das pessoas: diversão, relações sociais etc. Uma vocação sólida não é garantia de que a pessoa terá a qualificação para sustentá-la, mas é um bom começo. Gente com tal impulso e a adequada preparação poderá encontrar alto grau de realização.

➢ *Oportunidade* – Como já vimos, oportunidade é algo que vem de fora, algo bom que a vida nos oferece. Exemplo, a profissional está em busca de uma ocupação e eis que um parente desejoso de aposentar-se lhe oferece sociedade em uma loja sólida, já consolidada, com tradição e boa estrutura. Essa jovem tem excelente formação em administração e buscava um emprego em uma corporação, mas, diante do potencial de ganhos na sociedade, e dadas as circunstâncias favoráveis, opta por tornar-se empreendedora.

As oportunidades atuam também no mundo do emprego. Um empreendedor ou profissional autônomo de repente pode receber a oferta para ocupar uma excelente posição, com ganhos e retornos emocionais elevados.

→ UM *MIX* DE ATIVIDADES PROFISSIONAIS

O emprego ou o negócio próprio podem não ser a única atividade na carreira de um profissional. É possível conduzir mais de uma atividade simultaneamente – e muitas vezes isso se revela bastante vantajoso. Por exemplo, o médico liberal, que atua em consultório, poderá paralelamente ter um emprego como professor de uma universidade. A atividade docente trará inúmeros benefícios para sua atuação médica: popularidade, atualização obrigatória dos conhecimentos, contatos relevantes, acesso a informação de valor, desenvolvimento científico, entre outros pontos.

Igualmente, o consultor de negócios poderá ter um pequeno negócio que se harmonize com suas atividades de consultoria. Além da renda extra, o negócio próprio poderá abrir portas ou criar condições de melhoria do patrimônio a médio e longo prazos. Do mesmo modo, um profissional para quem o emprego é a principal fonte de ganhos poderá atuar autonomamente, em sua área técnica, em horários livres. Com isso, entre outros benefícios, poderá desenvolver as bases para um Plano B, a ser acionado em caso de demissão ou de desinteresse na manutenção do emprego. Nem sempre é possível ou fácil exercer duas atividades ao mesmo tempo, mas a oportunidade poderá existir e é bom ficar atento a ela quanto a estratégia de carreira.

Nas escolhas relativas à modalidade de ocupação, a pessoa não deve perder a perspectiva fundamental do que efetivamente interessa como resultado do seu trabalho:

> *Empregabilidade* – Capacidade de encontrar trabalho e renda ao longo da vida.
> *Qualidade de vida no trabalho* – Uma atividade que faça sentido em termos dos valores próprios.
> *Qualidade de vida* – Uma vida feliz e harmoniosa em todas as suas dimensões – trabalho, vida social, lazer, família etc.

Buscando emprego

A busca do emprego é quase sempre associada à ansiedade e à angústia. Seja no caso de um jovem que está dando os primeiros passos na vida profissional, seja no caso de uma profissional já madura na carreira que perdeu o emprego, seja no caso de pessoas que se viram dispensadas em decorrência do *downsizing* ou enxugamento da empresa, as emoções que se experimentam não são das mais agradáveis. O desafio de conquistar o primeiro emprego ou de superar o trauma do desemprego acarreta pessimismo, insegurança, queda na autoestima e outros sentimentos negativos similares.

Instaura-se um círculo vicioso: a) a pessoa fica pessimista e com baixa autoestima; b) em decorrência disso, passa a não acreditar nem em si mesma, nem nas oportunidades que o mundo oferece; c) tal descrença leva a uma inação, isto é, ela passa a não empreender os necessários esforços de busca; e d) com isso, o emprego não aparece, o que contribui para ampliação do seu pessimismo e baixa autoestima. É fundamental romper com esse círculo vicioso.

Provavelmente a melhor maneira de superar o "baixo astral" e suas consequências é fazer um trabalho racional, sistemático e intenso de busca de emprego – com crença ou sem crença no próprio potencial e nas oportunidades. Isso quer dizer trabalho propriamente dito: levantar cedo, fixar uma agenda de ação para o dia, executar as atividades programadas com disciplina.

Esse trabalho sistemático leva a pessoa a esquecer-se um pouco de si mesma, de seus problemas, o que produzirá uma melhora na sua condição psíquica. Essa melhora contribui para que seu desempenho nas atividades de busca de colocação melhore. Ela chegará mais tranquila e calma às entrevistas, conversará melhor com os potenciais empregadores, terá mais clareza mental para enxergar oportunidades. E, obviamente, a ação por si mesma ampliará a probabilidade de recolocação.

→ ADMINISTRANDO A BUSCA DO EMPREGO

As atividades de busca do novo emprego precisam ser administradas, pois só assim darão maior retorno em relação ao esforço empreendido. Aqui vão algumas sugestões para a administração eficaz da busca:

- ➢ *Mantenha a disciplina*. Isso quer dizer basicamente os horários, a concentração no trabalho, a persistência na realização das atividades. É fundamental evitar que perturbações domésticas atrapalhem. A família deve ser conscientizada disso.
- ➢ *Trabalhe oito horas por dia*, como se estivesse no emprego. O trabalho de buscar emprego deve ser levado a sério. Relaxar nos horários é entrar no círculo vicioso que mencionamos.
- ➢ *Divida bem e organize as tarefas básicas de busca, a saber*: pesquisa de oportunidades, ligações, entrevistas, visitas a unidades de contratação potencial, participação em eventos etc.
- ➢ *Use todos os recursos à sua disposição*. Isto é, cadastre seu currículo em sites gratuitos e nos pagos que julgar vantajosos, cadastre também diretamente nas empresas potencialmente contratantes, contate pessoas de seu relacionamento, inscreva-se em agências, pague por serviços de recolocação (caso tenha possibilidade) etc.
- ➢ *Não se acanhe de usar ideias pouco convencionais*. Por exemplo, um potencial contratante dá uma entrevista a um jornal. Você percebe que tem efetivamente algo a ver com os objetivos dele, então envie-lhe uma carta colocando-se à disposição. Não faça isso sem um bom motivo. Por exemplo, se um executivo de va-

rejo fala, no jornal, que pretende entrar em comércio on-line em breve e você tem sólida qualificação estratégica na área, então é válido escrever-lhe. Por outro lado, se você meramente gostou da filosofia de trabalho do entrevistado e tudo que tem a oferecer é sintonizar-se com essa filosofia, não é o caso de escrever-lhe. É interessante usar esses expedientes, mas sempre com cuidado. Fazendo-o com pertinência e elegância, isso não "queima seu filme".

➢ *Se puder e isso for um investimento com retorno, busque apoio profissional.* Há muitos serviços de apoio à busca de emprego. Vale a pena utilizar um desses? A resposta tem de ser vista em termos específicos. Qual é o valor do cargo em questão, quanto você tem de dinheiro para investir na busca etc. A seguir, orientação para essa decisão.

→ PEDINDO AJUDA AOS CONHECIDOS

Em busca de recolocação, é importante pedir ajuda. Isso não deve ser feito de modo desesperado ou ansioso, pois causa mal-estar nos conhecidos, que tentarão evitar futuros contatos. Deve-se, sim, ter um tom positivo, sem cobranças. Por exemplo:

■ Jeito errado de pedir ajuda

Telefonema a um conhecido, com tom de preocupação na voz:

➢ Oi, Nelson. Tudo bem? (Troca de informações iniciais e a conversa segue.) Eu estou telefonando para você para ver se você pode me dar alguma indicação de emprego aí na sua empresa. Estou precisando muito. Já faz cinco meses que saí do último emprego e a coisa está feia! Preciso de sua ajuda.

■ Jeito certo de pedir ajuda

Telefonema a um conhecido, com tom descontraído e positivo:

➢ Oi, Nelson. Tudo bem? (Troca de informações iniciais e a conversa segue.) Nelson, não sei se falei que estou em busca de oportunidades no mercado. Pois é, deixei o antigo emprego e estou pesquisando e avaliando oportunidades. Se você tiver alguma indicação ou dica para me dar, vai ser muito bem-vinda. Coisas vindas de você são sempre boas indicações.

É fundamental pedir ajuda a todos os conhecidos, mesmo aqueles que em um primeiro momento não teriam probabilidade de indicar nada. Todas as pessoas têm conexões e muitas vezes é de quem aparentemente não teria nada a indicar que vem a boa apresentação. Também é fundamental contatar conhecidos que não tenham cargo de importância. Muitas vezes se imagina que somente pessoas com cargos mais elevados poderão dar boas indicações e abrir portas. É um mito. Usualmente, as pessoas que ocupam cargos modestos têm respeitabilidade e suas indicações serão bem acatadas internamente.

→ SELECIONANDO EMPREGADORES POTENCIAIS

Nunca se sabe quem são os potenciais empregadores. Entretanto, como o número de empresas é muito grande, é necessário fazer uma seleção daquelas que, com maior probabilidade, poderão interessar-se pelo seu currículo. É fundamental refletir bem, para tentar atirar em alvos certos, que ampliarão a probabilidade de sucesso.

Um bom modo de selecionar é pensar sobre empresas com as quais você tem uma ligação direta ou indireta. Alguns exemplos:

> *Local de origem da empresa.* Empresas japonesas provavelmente têm maior probabilidade de se interessarem pelo currículo de um nissei que tem uma iniciação no idioma. Isso pode facilitar futuras viagens ou ligações com expatriados. Além disso, há vínculos culturais. O mesmo se diz de uma empresa nordestina operando em São Paulo, por exemplo. Um profissional nordestino residente na cidade poderá encontrar um pouco mais de facilidade de acesso, por conta de conexões de amizade que ele tenha em sua terra natal. O mundo ideal e o mundo como ele é: no mundo real, o bairrismo existe, e é sensato considerá-lo.

- *Localização da empresa.* As empresas que ficam próximo de sua residência são um alvo preferencial. Hoje muitas organizações têm política de contratação de profissionais que residem próximo de suas instalações. O acesso é facilitado, o que evita muitos transtornos, principalmente nas grandes cidades com trânsito caótico.
- *Área de atuação.* Empresas do ramo em que o profissional já tenha atuado poderão ter maior interesse em seu currículo. Experiência e cultura acumuladas, além de conexões, podem fazer a diferença. Vale para empresas em todo o ciclo produtivo do segmento: concorrentes da empresa anterior, fornecedores, clientes, parceiros etc.

→ O CURRÍCULO

O currículo, preferencialmente, deve ser personalizado. Isso quer dizer o seguinte: deve ser ajustado sob medida para cada lugar que o profissional for enviá-lo. Por exemplo, se estiver sendo dirigido a uma empresa de comércio, é vantajoso ressaltar uma experiência obtida em projeto realizado com varejista de destaque. Do mesmo modo, se o currículo destinar-se a organização universitária, é útil dar destaque aos trabalhos acadêmicos publicados, o que tem pouquíssima relevância para uma empresa privada (e pode até ser deixado de lado no currículo).

Além da personalização, é ideal que o currículo seja despoluído e limpo, isto é, que fale tudo o que é essencial, mas só o essencial para captar o interesse do potencial empregador. Nos tempos modernos, salvo exceções para cargos de muita importância, currículos de uma única página são mais adequados, até porque, havendo interesse, novas informações serão solicitadas ao candidato.

Por fim, é importante mencionar que o currículo deve ter uma diagramação padrão. Nada de inventar, de ser "criativo", pois a invenção e a criatividade usualmente não são de boa qualidade. Exceto no caso de um profissional de alta qualificação em *design*, que efetivamente transmitirá uma mensagem visual de valor com seu currículo, a diagramação deve ser padronizada com os modelos correntemente aceitos. Nos sites de emprego há modelos eficazes.

→ ENTREVISTAS

Nas entrevistas, espera-se profissionalismo absoluto, quer dizer:

- Chegar no horário marcado.
- Vestir-se de modo discreto e condizente com a cultura do potencial empregador (isso pode ser verificado com antecedência).
- Preparação adequada – informações sobre a empresa contratante, seu histórico, suas atividades básicas (na internet se encontra tudo isso facilmente).
- Comportamento cordial, não ansioso, elegante.
- Evitar postura arrogante, ar de superioridade, jeito "metido", pois isso desperta forte antipatia em todos os que estiverem direta ou indiretamente envolvidos no processo seletivo, o que acaba "queimando" o candidato.
- Evitar posturas impróprias do tipo "Eu não preciso desse emprego" ou "Eu preciso *demais* desse emprego; ele é minha tábua de salvação" igualmente "queimam" o candidato.
- Honestidade com sabedoria. Não se mente, mas não se expõe desnecessariamente em tópicos irrelevantes. Quando devidamente perguntado especificamente, nunca se camuflam fatos concretos, mas procura-se interpretá-los com ângulo adequado.
- Entrevistas simuladas com profissional competente poderão ser de grande ajuda na melhoria do desempenho.

→ BUSCANDO AJUDA PROFISSIONAL

Profissionais em transição sempre podem contar com o apoio de empresas especializadas. Antes de buscar apoio, entretanto, é bom pensar bem, para tomar uma decisão consciente. Algumas variáveis devem ser consideradas:

■ Custo do cargo

A primeira variável a ser considerada é o valor do cargo. Se buscar um cargo de auxiliar administrativo, com salário pretendido mediano, provavelmente não vale a pena buscar apoio profissional remunerado, pois mecanismos tradicionais e gratuitos oferecerão o mesmo nível de eficiência. Já se for um cargo de supervisão, com salário pretendido na faixa de dez salários mínimos, pode ser justificável profissionalizar o processo, para garantir maior eficiência e segurança na transição – pois o custo de manter-se desempregado é alto.

■ Empregabilidade

Se a pessoa, por qualquer razão, tem altíssima empregabilidade, é provável que não precise de apoio para se empregar. Assim, o investimento não se justifica. A alta empregabilidade usualmente decorre de escassez de profissionais com a especialização requerida para o cargo, relações pessoais de valor do profissional, demanda de mercado para o cargo específico, quantidade de candidatos potenciais em concorrência. Se a pessoa tem empregabilidade apenas razoável, entretanto, é provável que fique melhor usando serviço profissional, para colocar todas as cartas de seu lado. Por fim, profissionais de baixa empregabilidade talvez se decepcionem com os serviços profissionais, se investirem. É que nenhum tipo de serviço de recolocação faz milagres. Em caso de baixa empregabilidade, o melhor que o profissional pode fazer é arregaçar as mangas e buscar por si mesmo o novo emprego, dando o melhor de si nessa busca. Ele poderá ajudar-se mais que o faria uma empresa especializada.

■ Capacidade de investimento

De quanto o profissional dispõe para investir? Se ele tiver reserva suficiente para sobreviver por um período razoável ou se tiver apoio de alguém para essa sobrevivência, poderá ter mais condições de investir. Quem, entretanto, tem pouca reserva e precisa do pouco que tem para sobreviver, provavelmente o melhor é guardar os recursos para a sobrevivência e desdobrar-se pessoalmente nos esforços de busca. Um serviço de recolocação dificilmente obtém resultados a curtíssimo prazo, então, investir e comprometer o orçamento doméstico pode ser temerário.

■ Tipos de apoio

A pessoa em busca de recolocação encontra diferentes tipos de apoio profissional, a saber:

- *Agências de emprego tradicionais* – A agência nada mais é que um banco de currículos consultado pelos empregadores potenciais. É o tipo de instituição mais tradicional na área de apoio ao profissional em transição. Algumas servem bem os empregadores que recorrem a seus currículos e, por isso, são pontos de atração. Como o cadastramento usualmente é gratuito, não há por que não se cadastrar, principalmente em se tratando de cargos de valor mais baixo, que são os mais buscados em agências pelos empregadores. Há agências ligadas a sindicatos e órgãos de classe que, dado seu caráter institucional, têm bom poder de atração de potenciais empregadores.
- *Agências de emprego on-line* – Nada mais são que bancos de currículos on-line. Podem ser gratuitos ou pagos e algumas vezes as diferenças não são significativas. Não há por que não se cadastrar nos serviços gratuitos. Profissionais com cargos de valor mais elevados possivelmente terão maiores vantagens ao se cadastrarem também nos serviços pagos, já que a relação custo-benefício apresenta-se favorável, uma vez que o custo do serviço é muito pequeno em relação ao valor dos cargos.
- *Serviços de seleção* – São serviços oferecidos a empregadores por empresas de assessoria de recursos humanos. O foco desses serviços é contratar as pessoas com os perfis indicados pelos empregadores – e cobrar por isso. Esses serviços pretensamente têm eventual interesse em cadastrar candidatos, mas usualmente estão vinculados a organizações que proveem também serviços de recolocação – por essa razão, já têm suficientes candidatos em seus bancos de currículos. Ademais, como vão trabalhar "sob medida" para os empregadores, os serviços de seleção partem da pesquisa para chegar aos candidatos ideais, e os currículos cadastrados nem sempre são considerados ou o são em igualdade de situação com outras fontes (por exemplo, anúncios em sites de currículos). Em síntese, para a pessoa em busca de recolocação, usualmente, o esforço de cadastrar-se junto a serviços de seleção não se justifica quanto a retorno.

> *Serviços de recolocação* – São organizações que não só cadastram o currículo do profissional mas também o promovem e orientam o profissional em sua estratégia de transição. Auxiliam a pessoa na preparação para entrevistas, elaboração do currículo, decisão sobre questões estratégicas, como salário pretendido, alvos de busca etc. Fazem ainda testes de idiomas, quando necessário, e fornecem outros suportes requeridos. A promoção do currículo é feita para serviços de seleção (organizações que prestam serviços de busca de candidatos para os empregadores), para empregadores, para outras organizações de recolocação. Aqui o que conta mesmo são os vínculos institucionais entre essas organizações que permitem a troca mútua de informações sobre candidatos. Os serviços de recolocação cobram entre um e dois salários pretendidos pelo candidato para dar o devido suporte. É, portanto, um investimento a ser considerado com atenção.

■ Cuidado com os picaretas

Nos últimos anos surgiram, principalmente nas grandes cidades, "firmas" especializadas em aproveitar-se da fragilidade de pessoas que estão desempregadas. Em geral, contam com vendedores hábeis que aproximam-se dos candidatos potenciais e assinalam a possibilidade de emprego fácil ou certo. Seduzem os candidatos com promessas mirabolantes e levam esses a assinarem contratos que permitem que os "picaretas" evitem problemas legais futuros. Suas promessas mirabolantes mantêm-se em âmbito verbal. O Procon tem registrado um número considerável de queixas contra tais organizações criminosas, que mudam de nome constantemente, para continuar enganando incautos.

■ Orientação básica:

> Ninguém tem emprego fácil ou certo a oferecer para candidato nenhum. Quem o promete está querendo enganar.
> Antes de assinar contrato com qualquer empresa de recolocação, peça detalhes sobre ela. Na internet encontram-se facilmente casos de pessoas que foram lesadas, e o Procon também dá informações sobre queixas.

- Não pague por nenhum serviço que não esteja estipulado em contrato e exija que aqueles que foram previstos sejam executados.
- Antes de ir a entrevistas iniciais, quando convocado espontaneamente por uma empresa de recolocação, investigue a empresa, sua conversa, suas intenções. Não acredite em conversa fiada de malandros persuasivos.
- Ao perder tempo com convocações de profissionais desonestos, denuncie para que outros incautos não passem pelos mesmos dissabores.
- Não feche contrato sob influência de vendedores persuasivos. Peça tempo para pensar, afaste-se de seu poder de influência, investigue e depois, concluindo que a empresa é séria e o serviço justificável, aí, sim, assine o contrato.

Buscando trabalho

Nos dias de hoje, muita gente vive sem emprego, seja na condição de autônomo, seja na condição de empreendedor. Essas pessoas não podem deixar de buscar trabalho sistematicamente, pois produzir algo ou prestar um serviço de valor não é suficiente. Um profissional efetivamente empenhado em crescer na carreira necessita aprender a vender "seu peixe". Se ele não o fizer eficientemente, quem o fará por ele? Muita gente tem algo bom a oferecer, mas não leva eficientemente ao mercado o que tem de bom. Produção sem vendas é igual a sucata! É preciso vender.

O que um profissional vende? Vamos dizer, genericamente, que as pessoas vendem *produtos*. Exemplo:

- *Ideias* – Que tenham valor e possam ser desenvolvidas *para* outros, *por* outros ou *com* outros.
- *Projetos* – Dependendo da ideia em si e de sua importância, ela pode ser transformada em um projeto mais detalhado e abrangente, o que amplia seu valor.
- *Credenciais* – Habilitação para fazer algo.
- *Serviços* – Atividades regulares ou transitórias que se possam realizar em benefício de outros.
- *Produtos* já formatados e acabados – Algo concreto que se fez e que possa ter um valor. Como um software, um texto, uma pesquisa, um objeto.

Esse conjunto de itens vendáveis aplica-se a todos os tipos de situações profissionais. Por exemplo, um advogado poderá vender uma ideia de revisão de contratos a uma empresa cliente; um professor poderá apresentar suas credenciais a um outro departamento da universidade em que leciona, ampliando seu potencial de prestação de serviços; um representante comercial poderá "vender" suas credenciais a um potencial representado, para ampliar seu portfólio de produtos.

Muita gente não sabe como levar tudo isso até os eventuais compradores. Essas pessoas não sabem por onde começar e por isso fecham-se para o mercado. O problema é que é lá que as oportunidades estão. Sem ir ao mercado não há como vender seus produtos.

O processo de busca de oportunidades pode ser o seguinte:

Figura 1 Processo de Busca de Oportunidades

Informação	Decisão	Promoção	Proposta/negociação	Execução	Acompanhamento
Sobre mercados potenciais e serviços	Sobre mercados potenciais e serviços	Fone Visita E-mail Evento	Sob medida	Sob medida	Sob medida

■ Informação

Primeiro, é necessário ter informação adequada sobre o mercado, para não vir a criar, desenvolver ou ofertar coisas inviáveis. Como o segredo do sucesso é atender a necessidades ou desejos, é importante identificar onde as oportunidades estão. Isso se faz por meio de pesquisa que busque identificar quais são os *mercados potenciais* – pessoas ou organizações que queiram comprar – e os *produtos potenciais,* isto é, itens de interesse desses mercados, que o profissional tenha condições de oferecer.

■ Decisão

Não se pode, evidentemente, fazer tudo o que o mercado quer ou oferecer tudo que se tem a vender. É necessário foco, concentração naquilo de maior potencial. Isso evita a dispersão dos esforços de oferta, ampliando a eficácia do processo. Então, após pesquisar e analisar produtos e mercados potenciais, o profissional decide **o que** exatamente deverá oferecer e **para quem**.

■ Promoção

Tendo o produto a oferecer e o *mercado-alvo* definidos, busca-se identificar empresas e pessoas específicas e segue-se ao ataque. É a fase de promoção, na qual se fará, de modo organizado e racional, contato e oferta do que se tem a oferecer aos clientes potenciais. O melhor meio de fazê-lo, do ponto de vista de um profissional, é o contato pessoal. Deve-se fazer o que for possível para chegar à pessoa certa – pedir ajuda de amigos comuns, conquistar a simpatia de intermediários (como a secretária de um executivo, por exemplo), insistir com elegância e sensatez (por telefone, e-mail etc.). Na impossibilidade de ter reuniões "ao vivo" com os clientes-alvo, faz-se a oferta por telefone ou e-mail mesmo. Os eventos (um seminário, um encontro da associação de classe etc.) são excelentes veículos de promoção e devem ser buscados pelo profissional.

Nas leis de mercado sabemos que, havendo demanda de um bem ou serviço, alguém vai aparecer para ofertá-lo, ou seja, a "demanda gera a oferta". O que pouca gente se dá conta é de que o contrário também é verdadeiro, isto é, "a oferta gera a demanda": se um bem ou serviço for regularmente oferecido, os eventuais compradores aparecerão. Assim, se há uma promoção regular e sistemática dos produtos do profissional, surgirão interessados.

■ Proposta e negociação

Quando os interessados aparecem, é hora de fazer uma proposta bem-feita, com o preço pensado, com uma formatação adequada. Não há fórmula mágica para a proposta, naturalmente, pois cada caso é um caso. Cada proposta terá de ser feita "sob medida" para os interesses do cliente e as circunstâncias.

Essa é também a fase da negociação. É necessário valorizar adequadamente o que se tem a oferecer. Muita gente desvaloriza suas ideias, projetos, credenciais, produtos porque teme colocar o preço certo e perder o cliente. É fundamental aprender a lidar bem com isso, caso contrário, o profissional não vai avançar na carreira tanto quanto poderia. Uma negociação bem planejada, orientada por atitudes assertivas e racionais, conduzida com profissionalismo, é o caminho para o estabelecimento de relações duradouras e mutuamente satisfatórias com o cliente. Quem tem dificuldade em negociar bem deve pedir ajuda de negociadores mais eficazes ou buscar outros meios para superar essa lacuna.

■ Execução

A execução ou entrega do produto ou serviço será feita "sob medida" também, pois, como dissemos, cada caso é um caso, porém é bom ter sempre em mente que aqui estará o verdadeiro teste de qualidade, na perspectiva do cliente. Muita gente negligencia essa fase e põe a perder o cliente conquistado com esforço. Deve-se procurar oferecer pelo menos um pouquinho mais do que ele espera. Esse é o caminho para vender outros itens, dando impulso na carreira. Há um princípio que diz: quanto mais se trabalha eficientemente, mais trabalho surge.

■ Acompanhamento

Não se deve esquecer do cliente ao qual serviu. É necessário mantermos relacionamento regular, ainda que eventualmente distante, pois assim ele sempre se lembrará de nosso nome e, além de vir a fazer novas aquisições no futuro, poderá indicar-nos para outros.

→ PARCERIAS

Os tempos modernos privilegiam as organizações. Assim, o profissional autônomo e independente tende a ter menos força que as empresas organizadas. A solução, para ele, é fazer parcerias produtivas. Em todas as áreas de atuação as parcerias ocorrem e são boas para todos. Por exemplo, uma empresa média de consultoria não pode ter um quadro fixo elevado de consultores, mas usualmente recorre a consultores autônomos para suprir suas lacunas internas. O autônomo, então, tem nelas um potencial de ampliação de sua ocupação. O mesmo vale para o médico, que poderá estabelecer parceria com uma clínica consagrada; para o advogado, que poderá trabalhar sob bandeira de um escritório maior; para o representante autônomo, que pode agir em nome de uma empresa de representação estruturada. As alianças e parcerias estratégicas são inevitáveis nos dias de hoje e trazem vantagens para todos.

→ PROCESSO CONTÍNUO

A busca de oportunidades deve ser um processo contínuo. Nos dias de hoje, o profissional deve ser competente naquilo que faz e também competente na "venda" daquilo que tem a oferecer. Como lembrou uma famosa cantora pop: muitas vezes as pessoas não conseguem o que querem simplesmente porque não dizem o que querem. Atualmente, há concorrência em todas as áreas e é necessário que a pessoa se apresente aos outros e diga explícita e claramente o que deseja. Assim, aqueles que eventualmente apostam nela saberão como ajudá-la efetivamente.

Os seguintes comportamentos são recomendáveis:

- ➢ Estabeleça uma rotina para realização do processo descrito: pesquisar, criar e vender. Defina qual é a melhor periodicidade e o melhor período para cada uma dessas atividades, no seu caso específico.
- ➢ Organize suas informações e registros: lista de parceiros, clientes potenciais, telefones, arquivos de projetos e propostas, fontes de consulta, com vistas a fazer o trabalho de prospecção e proposição de negócios com maior eficiência e facilidade.
- ➢ Administre o seu tempo de modo que você possa realizar pelo menos algumas atividades críticas de marketing todo dia.
- ➢ Peça sugestões, críticas e ideias a colegas que têm maior domínio dessas atividades (formatação de propostas, vendas, prospecção) e até peça ajuda profissional, se for o caso.
- ➢ Inclua-se em todos os *mailings* significativos: das associações de classe, de empresas de eventos, de organizações relevantes do ramo, para receber a correspondência que seja importante para sua área de atuação.

Em síntese, saiba que a melhor pessoa do mundo para promover sua carreira é você mesmo. Busque todos os modos éticos e elegantes de fazê-lo e faça-o com disciplina. Ninguém o fará por você.

Controle das emoções e avanço na carreira

Nas últimas décadas, houve uma divulgação maciça dos conceitos relacionados com as diferentes formas de inteligência e seu impacto sobre o desempenho individual no trabalho e na vida. Destacou-se a ideia de que a inteligência emocional ou social é que tem mais peso sobre o desempenho e sucesso, para a maioria das pessoas. Evidentemente, para o grupo restrito de pessoas que vivem nas esferas da alta ciência ou no mundo dos trabalhos de altíssima qualificação técnica, a capacidade intelectual propriamente dita provavelmente tenha maior peso nas realizações. Entretanto, para a prática da maioria das profissões, o que implica interações sociais no dia a dia, é inegável que a inteligência emocional e a social provavelmente façam a maior diferença quanto a desempenho e sucesso.

Quem almeja ampliar seu potencial de crescimento na carreira, então, tem de procurar desenvolver sua qualificação emocional e social.

→ EMOÇÕES QUE PROMOVEM, EMOÇÕES QUE DERRUBAM

Vamos considerar, primeiro, a pessoa em seu trabalho, independentemente dos relacionamentos. Qualquer que seja a atividade, essa pessoa terá maior ou menor probabilidade de sucesso dependendo do nível de motivação que tiver para a realização das tarefas. Pessoas com alta motivação depositam energia muito maior em cada uma de suas atividades, o que eleva o nível de qualidade dos resultados. Ademais, pessoas com alta motivação trabalham mais tempo com menor nível de cansaço, logo, sua produção bruta, por assim dizer, é maior.

Algumas emoções e sentimentos contribuem para o surgimento e ampliação da motivação no trabalho. Entre esses estão a autoestima, a autoconfiança, a segurança, o amor pelo trabalho e pelos outros, a solidariedade etc. Outros solapam a motivação individual, como: a frustração, a ira, a mágoa, a inveja etc.

Além da motivação para o trabalho, essencial ao sucesso, é fundamental considerar que todo trabalho implica tomada de decisões – e aqui as emoções também desempenham papel crucial. Pessoas com a mente perturbada por conflitos tendem a apresentar confusão e hesitação na tomada de decisões. Assim como as mentes tomadas pelo pessimismo e descrença tendem a decidir-se de modo condicionado e contaminado. Já as pessoas que expressam um otimismo sensato e se acham mais emocionalmente "resolvidas" tendem a ter mais clareza e adequação em suas decisões.

Por fim, todo trabalho implica interações sociais – igualmente as emoções desempenham papel capital. Sejam os relacionamentos que se passam dentro de uma empresa, sejam os relacionamentos com clientes, sejam os relacionamentos entre parceiros dos diversos elos da cadeia produtiva. Dessa maneira, pode-se aceitar a premissa de que pessoas mais hábeis em persuadir, em conquistar cooperação e em negociar terão melhor desempenho. Mesmo no que diz respeito ao desempenho estritamente técnico, o fator humano tem grande relevância, pois a maioria das tarefas técnicas requer adesão e cooperação de terceiros.

Ora, há algumas emoções que são nutrientes, que fomentam positivamente as relações e há outras que são tóxicas, que transmitem mal-estar e complicam significativamente os relacionamentos. De um lado, temos o amor (ao próximo, ao trabalho, ao grupo), que facilita os relacionamentos e abre portas; de outro, temos o rancor, a mágoa, a inveja e a frustração, que emitem estímulos tóxicos para os interlocutores e causam distanciamento e barreiras.

Figura 1 Emoções...

Que promovem	Que travam
amor	ódio
alegria	tristeza
felicidade	infelicidade
admiração	inveja
coragem	medo
autoestima	autorrejeição
crença (em si mesmo, nas possibilidades)	descrença
otimismo	pessimismo
confiança (nas pessoas)	desconfiança
tranquilidade	ansiedade
bom humor	mau humor

→ IMPACTO DAS EMOÇÕES, NA PRÁTICA

Vejamos três situações ilustrativas que mostram como as emoções nos afetam, para o bem ou para o mal.

■ Preteridos na promoção

Júlio, Alberto e Amélia estavam no páreo para ocupar um cargo de supervisor que estava vago. Após refletir sobre a questão e discuti-la com seu superior e com o gerente de RH, Carlos, o gerente da área, decidiu promover Alberto. Júlio e Amélia foram preteridos e tiveram reações bem diferentes. Ambos ficaram desapontados, naturalmente, levaram uma "pancada" em sua autoestima, decepcionaram-se com Carlos (pois, evidentemente, cada um se julgava elegível na perspectiva dele).

No caso de Júlio, esses sentimentos negativos o dominaram e ele se retraiu. Não mencionou o assunto, a não ser de modo brevíssimo e uma única vez, e passou a ficar distante, mostrou involuntariamente desinteresse por tudo do departamento, indicou claramente a Carlos e ao superior desse que tinha ficado decepcionado.

Amélia, por outro lado, conversou sobre o assunto tanto com Carlos quanto com seu colega promovido. Disse que, estava, sim, sonhando com o cargo, mas esperava ter outra oportunidade no futuro.

Colocou-se à disposição de Alberto para ajudar no que pudesse para a consolidação do cargo de supervisor. Enfim, não se deixou dominar pelas emoções negativas e conseguiu reverter o quadro, apresentando comportamento positivo.

Três meses depois, Júlio deixou a empresa, e um ano e meio depois, Amélia teve sua oportunidade e chegou à supervisão.

É bom ter em mente que:

- *A priori*, o profissional deve ter sucesso no lugar em que está, isto é, na empresa em que já tem algum histórico e já é, de um jeito ou de outro, apreciado e aprovado. A mudança eventualmente se justifica se for conduzida por um pensamento estratégico e racional.
- Em todos os ambientes o profissional terá desafios emocionais. Júlio vai ter que lidar com rejeição e vai ouvir "nãos" também na nova empresa. Se não aprender a lidar com isso, não vai crescer na carreira.
- A qualidade de um perfil emocional saudável manifesta-se principalmente nas horas difíceis. Se tudo está bem, é provável que a pessoa não enfrente desafios emocionais.
- Todas as pessoas de sucesso já tiveram fracassos, encontraram barreiras e dificuldades. As mais capazes saem desses obstáculos inteiras emocionalmente e seguem em frente. Quem fica ferido e não se controla interrompe o ciclo de crescimento.

■ Arrogância que derruba

Narciso conquistou um emprego como supervisor em uma empresa de um segmento em que as pessoas usualmente não têm nível muito elevado de qualificação, no que diz respeito à escolaridade. Foi o primeiro pós-graduado a chegar à empresa e logo mostrou que bons conhecimentos têm valor. Começou a dar suas ideias e a discutir as questões da empresa de modo eficiente e chamou a atenção dos superiores. O chefe passou a incluí-lo nas análises e decisões críticas, e até o superior de seu chefe passou a consultá-lo para algumas dúvidas. Em síntese, rapidamente adquiriu uma posição informal de liderança intelectual.

Então, começou a demonstrar uma autoconfiança e autoadmiração ligeiramente exageradas. Como isso não chegava a afetar os trabalhos, continuou sendo requisitado e ouvido. Entretanto, com o passar do tempo, mais e mais foi exacerbando seu entusiasmo em relação às próprias ideias e desempenho, e começou a ser visto como "metido". Como não conseguiu "ler" as reações dos outros, continuou com seu jeito altivo e triunfante, mesmo diante dos superiores, que começaram a questionar se realmente ele era a pessoa certa para o cargo.

Tempo depois, percebeu-se que Narciso tinha dificuldade em conquistar a colaboração dos colegas. Eles o admiravam pelas ideias, mas não gostavam dele, por causa de seu jeito. Na primeira necessidade de reformulação e enxugamento que houve na empresa, os chefes aproveitaram a oportunidade para cortá-lo. Eles entendiam que ele era competente, mas atrapalhava um pouco o andamento do processo no departamento.

Do ponto de vista de gerenciamento das emoções é bom saber que:

- A maioria das pessoas se julga mais importante ou necessária do que realmente é. Faz parte provavelmente de uma tendência natural do *eu* de justificar-se e proteger-se. Assim, é bom sempre manter um estado de alerta contra o pecado da arrogância.
- Ninguém é tão importante que possa dispensar a aceitação do grupo. A pessoa que se acha melhor que os demais membros do grupo tem duas opções racionais: a) mudar de grupo, buscando um em que admire mais os colegas; e b) refazer sua percepção de si mesmo e dos outros, e tomar consciência de que, se está no grupo, provavelmente não é melhor que seus demais integrantes, pelo menos no critério de seleção adotado.

■ Xerife do mundo

Marina sempre teve dificuldade em conviver com coisas erradas. Isso sempre a fez erguer a voz e resolver problemas em nome do grupo, na faculdade, na vizinhança ou no clube que frequentava. Seus três primeiros empregos, que transcorreram entre sua formatura, aos 22 anos, e a idade dos 40, foram em grandes corporações, de alto nível de eficiência e inegável padrão de qualidade em seus processos.

Desligada em um "enxugamento", teve dificuldade para encontrar novo emprego no mundo das grandes corporações, pois sua idade era elevada em relação ao perfil dos cargos pretendidos. Conquistou um novo emprego em uma empresa nova, de médio porte, em fase de intenso crescimento.

Acontece que essa empresa era caracterizada por um estilo empreendedor, muita ação e muita mudança a curto prazo. Nada de processos de alta qualidade, pois às vezes imperava o improviso. Sílvio, o dono da empresa, no comando, tinha um perfil bem diferente dos executivos corporativos. Desorganizado, com formação escolar média, histórico profissional instável, voltado integralmente para vendas e resultados, tinha descoberto um bom nicho de mercado e iniciara seu negócio cinco anos atrás, e agora era dono de uma empresa média e em franco crescimento.

Marina logo de cara percebeu a diferença entre a empresa atual e as outras nas quais havia trabalhado. E notou muita coisa errada. Aflorou sua enorme ansiedade com relação ao "errado". Passou, então, a atuar no sentido de apontar os erros e a sugerir mudanças. Os demais colegas, atarefados em sua pressão produtiva e em meio a improvisos essenciais para resolver os problemas, começaram a ouvir ideias e sugestões sobre problemas não imediatos. Em pouco tempo, nos bastidores, Marina virou "aquela chata". Sim, ela tinha razão, mas na hora errada. Além disso, o que estava "errado" seria errado certamente na perspectiva de uma corporação superestruturada.

Com seu jeitão truculento, um dia Sílvio propôs-se a fazer uma análise de desempenho de Marina, e disse a ela:

> ➤ Você está preocupada demais com o que está errado aqui dentro, mas, para fazer o que estamos fazendo e marcar nossos gols, às vezes temos de jogar como podemos e não como gostaríamos. Sim, faça seu trabalho, ajude, dê sugestões, mas não tente ser o xerife do mundo. Não importa se lá na outra empresa a coisa funcionava assim ou assado, pois isso era bom para a outra empresa, mas não somos ela. Relaxa! E entre no nosso clima que com o tempo certo vamos chegando a uma organização melhor.

Ela ficou com aquelas palavras na cabeça, "o xerife do mundo", e consultou uma colega em quem confiava, Amélia, sobre sua atuação. Pediu um palpite sincero e ouviu: "Sim, às vezes você enche o saco!"

A palavra caiu na hora certa e provocou uma transformação. Marina percebeu seu próprio desconforto com o "errado", sua obsessão pelo perfeito e sua ideia falsa de superioridade proveniente do fato de ter trabalhado em grandes corporações. Conseguiu transformar seu perfil emocional, deixando de lado suas ansiedades, e um ano depois era outra pessoa, crescendo com uma empresa em construção.

→ ADMINISTRANDO AS PRÓPRIAS EMOÇÕES

A excelência pessoal, nas ideias de Sócrates, é o resultado de um tripé: autoconhecimento, autodomínio e autogoverno. Primeiro, a pessoa precisa saber exatamente quem é, que emoções a impulsionam, como reage aos acontecimentos da vida etc. Depois, precisa ser capaz de dominar seus impulsos negativos, substituindo-os por outros mais eficazes e adequados. Por fim, deve ser capaz de ir para os rumos pretendidos – e não simplesmente deixar-se levar pelas águas do rio.

Pode-se definir aprender, em termos amplos, como o processo de mudar para melhor nossa maneira de pensar, sentir e agir. Quer dizer, adquirir não só conhecimentos novos, mas também deixar de lado emoções inadequadas e colocar outras mais produtivas no lugar delas. Por fim, é abandonar igualmente comportamentos menos adequados e adquirir outros mais eficientes. Disse Aristóteles que a excelência é um hábito, somos o que repetidamente fazemos. Se nos habituarmos a sentir as emoções mais apropriadas e a adotar as condutas mais eficientes, nos tornaremos a pessoa que tem essas emoções e esses comportamentos.

Eis algumas orientações genéricas que podem contribuir para uma boa administração das próprias emoções:

➢ Identifique seu quadro emocional prevalecente, separando as emoções que ajudam e as que atrapalham no desenvolvimento de sua carreira.

- Peça a opinião de amigos e colegas (incluindo chefe e subordinados) sobre seu perfil emocional: pontos positivos e pontos negativos.
- Trace mentalmente um caminho para a mudança e monitore constantemente a trajetória, buscando ver onde está conseguindo sucesso e onde não está.
- Peça ajuda profissional, se possível, de um terapeuta. Consultar um terapeuta não é boa ideia apenas quando se "está com problemas". A terapia é também um excelente mecanismo para o desenvolvimento pessoal.
- Leia bons livros sobre inteligência emocional, pois o entendimento do processo resulta em melhoria pessoal.
- Faça testes que ajudem a identificar quem você é. Há muitos disponíveis na internet, facilmente localizáveis.
- Elabore um *projeto* de você ideal e caminhe para os comportamentos que são esperados dessa nova pessoa.

Incorporando a ética e a etiqueta na vida profissional

O médico pede inúmeros exames ao paciente de um plano de saúde. Ao mesmo tempo diz que sua secretária pode indicar um laboratório em que ele confia para fazer os referidos exames. É legítimo isso? Ligeira hesitação na mente do paciente, mas vamos dizer que até aí tudo esteja dentro dos limites aceitáveis. A seguir, o médico dá orientações adicionais: "Se não for conveniente para você fazer os exames no laboratório que estou indicando, sem problemas, você pode fazer onde quiser, exceto nos laboratórios X e Y, que não recomendo."

Acontece que os laboratórios X e Y são os mais profissionais do mercado, com padrões de excelência controlados e reconhecidos, e recaem na escolha da maioria dos usuários. Evidentemente, entretanto, não têm nenhum programa de "incentivo" para indicações de exames! Então, a última frase do médico, para quem tem um mínimo de bom senso, é um jeito de levar o cliente, pela lei do menor esforço, a optar pelo laboratório que esse indicou. Para não cometer injustiça, coloquemos a coisa assim: *Ao confirmar a ideia de que o médico está direcionando exames para receber comissão*, isso é coisa de bandido, picaretagem pura, que desonra os anos de estudo daquele profissional e atrapalha a imagem pública da classe!

É uma derrapada feia na ética profissional, e as pessoas que a cometem em geral têm "excelentes desculpas" (esfarrapadas) para fazê-lo. No caso do médico, eventualmente ele alegará que os planos de saúde pagam pouco pelo trabalho dele, que a saúde no país não merece investimentos decentes, que o médico é vítima de um sistema cruel e, então, para sobreviver tem de fazer esse tipo de coisa.

A verdade, entretanto, é que o comportamento picareta dele é parte do problema e reverte-se contra ele próprio. Qualquer que seja a situação, a conduta ética é a melhor alternativa.

→ O QUE É ÉTICA E PARA QUE SERVE

A palavra ética tem popularmente um sentido de proibição, do que não se deve ou não se pode fazer. A maioria das pessoas vê a ética como se fosse uma espécie de manual de conduta com prescrições sobre o que é justo e injusto, certo ou errado. Tudo isso se relaciona com a ética, mas ela é muito mais que isso.

A ética é uma disciplina da filosofia, essencialmente prática, que discute a ação humana. Seu propósito é investigar a essência do homem e sua natureza, *o que* o ser humano quer alcançar e quais são as condutas que podem levá-lo a realizar o almejado. Em poucas palavras: a ética preocupa-se essencialmente com a felicidade, considerada pelos filósofos, desde Aristóteles, o fim último que o ser humano almeja. Então, a ética vai tratar das condutas para uma vida feliz.

De modo geral, os pensadores convergiram para algumas ideias fundamentais sobre a questão:

> - *O homem quer ser feliz.* A felicidade seria sua busca natural e quem se afasta do caminho que leva a ela é por ignorância, por descontrole sobre seus impulsos que orientam para o prazer mais imediato, por vício ou anomalia mental.
> - *O homem é gregário*, isto é, vive em sociedade. Seja por querer viver em comunhão com outros, seja porque isso é útil, o fato é que o homem vive com outros. Logo, a felicidade que ele busca tem de ser obtida no seio da sociedade, o que implica aceitação de regras de convivência.
> - *O homem tem um senso moral.* Algo dentro dele, parte da sua natureza, aponta para o certo e o errado. Salvo exceção acarre-

tada pelo vício ou pela ignorância, a pessoa tem uma intuição sobre o que é bom, o que é justo e o que é belo. Quando o homem age contra seu instinto do bem, ele se condena.

Sócrates, preocupado em descobrir o que faria o homem mais feliz, percebeu que o primeiro ponto a ser esclarecido seria: o que é o homem? Quem é esse que deseja a felicidade e o que será a verdadeira felicidade para ele? Como disse um filósofo: "O homem é a sua alma." Aqui a palavra alma não tem sentido religioso, mas diz respeito à *psique*, à mente, ao espírito não necessariamente expresso dentro de qualquer doutrina religiosa. Então, é à satisfação e expressão da alma que a conduta humana deve dirigir-se. A felicidade não é dar curso às compulsões do corpo. Os bens do corpo são efetivamente bens, desde que guiados pelo bem maior, que está na alma.

Para atingir uma conduta ética, o homem deve lutar contra impulsos que também são naturais e que o distanciam da virtude. Se ele se entregar às paixões, aos apelos mais imediatos do corpo, vai naturalmente afastar-se do bem da alma e não será feliz. A pessoa que tem uma conduta ética busca a virtude e a excelência moral de modo consciente, livre e naturalmente harmonizado com sua natureza.

A discussão ética, que vem desde os filósofos pré-socráticos, tem sido em torno de estabelecer como o homem pode desenvolver sua alma pelo conhecimento e atingir a verdadeira felicidade. Obras como *Ética a Nicômaco*,[1] de Aristóteles, são um manancial de sabedoria para a vida: fala da amizade, do dinheiro, das relações, do autoconhecimento, enfim, de todos os temas que têm relação com a vida humana e a busca da felicidade.

Nem sempre, entretanto, os ensinamentos dos sábios são acatados, como disse Schopenhauer, que também tem uma obra[2] sobre a

---

1. Há uma boa edição, comentada (essencial para entendimento da pessoa sem formação filosófica): ARISTÓTELES. *Ética a Nicômaco*. Brasília: Editora Universidade de Brasília, 2001.
2. SCHOPENHAUER, Arthur. *Aforismos para a sabedoria da vida*. São Paulo: Martins Fontes, 2006.

busca da vida feliz, que vale a pena ser lida: "Em geral, os sábios de todos os tempos disseram sempre o mesmo, e os tolos, isto é, a imensa maioria de todos os tempos, sempre fizeram o mesmo, ou seja, o contrário; e assim continuará a ser."

Não é o caso daquele médico que se debruçou sobre os estudos exaustivos de uma profissão das mais belas e deixa sua grandeza escapar por lidar mal com a ganância e a frustração econômica imediata?

→ A CONDUTA ÉTICA É O MELHOR CAMINHO

Ter uma conduta virtuosa é o caminho para uma vida mais feliz. A pessoa pode até não aceitar o fato de que há uma consciência moral que a condena em caso de desvio, ou até pode adotar mecanismos psíquicos de defesa que a levam a obliterar essa consciência moral, ou fingir que não se sente mal ao derrapar na honestidade. É fundamental compreender que:

- Vivendo em sociedade, a pessoa tem obrigação de ter uma conduta ética – os outros a cobram quanto a isso.
- Todos, em sociedade, são visíveis e as condutas são igualmente identificadas como adequadas ou inadequadas. Ao adotar condutas inadequadas (imaginando-se invisível), o sujeito "queima seu filme", como se diz na gíria, e isso não fica sem consequências negativas, pois todos são julgados na vida social.
- Logo, agir sem ética pode trazer resultados a curto prazo (mesmo isso é duvidoso), mas certamente atrapalha sobremaneira a carreira a médio e longo prazos.

Naturalmente, é possível agir sem ética e atingir alguns objetivos restritos, como o de ganhar dinheiro. Assim agem os bandidos que obliteraram seu senso moral ou são psicopatas. Nada a ver, entretanto, com o mundo das carreiras profissionais ou com aquilo que chamamos de busca do verdadeiro sucesso, que necessariamente pressupõe o equilíbrio nas realizações.

→ A ETIQUETA PROFISSIONAL

Na mesma linha de raciocínio, observar normas de boa etiqueta é obrigação do cidadão e do profissional. Mais que isso, é útil fazê-lo: ser educado é o caminho natural para tornar-se mais elegível e mais requisitado no mundo do trabalho. Evidentemente, há um ou outro grosso e truculento que sobe apesar de sua brutalidade, mas pode-se argumentar que deve ter talentos tais que, se não fossem atrapalhados pela grosseria, o levariam ainda mais longe.

Qualquer profissional que queira fazer mais por sua carreira precisa observar, entre outros, os seguintes pontos:

- *Cumprimentos* – Deixar de cumprimentar é uma das grosserias mais básicas. Errar nisso é ser candidato ao diploma de grossura. Ninguém tem o direito de ser distraído ou retraído a ponto de evitar o cumprimento cordial dos demais.
- *Regras de precedência* – Quem entra primeiro em um recinto, quem é o primeiro a comer, quem cumprimenta quem etc. As regras de precedência diferenciam pessoas por *status*, sexo, idade e outros aspectos. Entrar no elevador sem refletir, ignorando outras pessoas que também estejam esperando por ele, é não levar em conta normas de precedência (exceto quando há fila, em lugares de grande movimento).
- *Regras de conduta à mesa* – Elegância ao comer é fundamental para não tornar o almoço ou jantar dos outros menos agradável e para mostrar respeito aos presentes. Maus modos à mesa derrubam a imagem de qualquer um.
- *Regras de conversação educada* – Palavrões, voz mais elevada que o natural, expressões vulgares ou chulas, pilhérias ou piadas fora de hora – tudo isso é má-educação.
- *Roupa* – Não se pode exigir que as pessoas usem roupas sofisticadas ou caras, mas vestir-se de modo espalhafatoso ou desrespeitoso é flagrante atentado às boas maneiras.
- *Comportamentos que incomodam* – Barulho desnecessário, conduta espalhafatosa, indiscrição, enfim, tudo o que incomoda desnecessariamente os outros é má-educação.

O profissional tem obrigação de seguir as normas de etiqueta e alegar ignorância não o exime dessa responsabilidade. O jeito é buscar um bom livro e aprender – já que a escola e a estrutura familiar não proveem esse conhecimento na dimensão requerida hoje. Há regras de boa convivência que orientam cumprimentos, postura à mesa, roupa, conversação etc., e devem ser conhecidas.

Cuidados com a imagem

O profissional está em busca de um novo emprego, na região da grande São Paulo. Seu currículo é muito bom, seja no que concerne à experiência, seja no que diz respeito à formação. Tem excelente desenvoltura, expressando segurança, otimismo e convicção nas entrevistas que faz. Tudo ótimo. Todos os dados indicam que terá uma transição fácil, mas o novo emprego não vem. Após uma investigação mais minuciosa, percebe-se que ele está "queimado" no mercado, porque fez algo considerado desleal no último emprego. Como? As pessoas sabem isso?

Sim, são milhares de empresas na grande São Paulo, mas o mercado contratante de determinado porte não é tão grande assim. Além disso, em decorrência das experiências de um profissional, um tipo específico de empresa tende a interessar-se pelo seu currículo. Dentre essas, a probabilidade maior recai sobre aquelas do ramo em que ele já trabalhou ou sobre empresas que com essas se relacionam. Assim, restringiu-se significativamente o tamanho do mercado empregador potencial – e nesse mundo reduzido "todo mundo conhece todo mundo".

Quem tem alguma experiência em dar assessoria a profissionais em transição de carreira sabe muito bem que, efetivamente, o principal patrimônio de uma pessoa é a sua reputação. Essa é mais conhecida do que se costuma imaginar, para o bem ou para o mal.

→ IMAGEM E PESSOA REAL

Vamos chamar de imagem aquilo que alguém parece ser. Ela é composta de informações de maior profundidade e seriedade que estabelecem, por exemplo, a reputação, e também de informações mais superficiais que dizem respeito a comportamento, aparência etc. É importante compreender que a imagem não é o que a pessoa efetivamente é, mas é ela que afeta o comportamento dos outros, positiva ou negativamente, pois, para os outros, você *é* aquilo que parece ser. A imagem é composta de atributos – adjetivos qualificativos, positivos ou negativos.

Figura 1 Atributos da Imagem

Positivos	Negativos
Honestidade	Desonestidade
Ser trabalhador, envolvido	Ser menos voltado para o trabalho
Responsabilidade, seriedade	Não levar nada a sério
Competência	Incompetência
Produtividade, bons resultados	Resultados negativos
Bom trato com pessoas	Ser complicado no trato com outros

Algumas pessoas têm atributos positivos que podem oferecer ao mercado, mas esses não se expressam na sua imagem. Isto é: ela é competente, profissional, eficiente, mas não parece ser nada disso. Isso costuma ocorrer porque a pessoa é negligente com a opinião pública, não zela para construir ou preservar uma boa imagem. Igualmente é comum que isso se dê porque a pessoa falha em algo menos importante. Por exemplo: o profissional é um executivo comprometido, zeloso, trabalhador, mas veste-se de modo descontraído e negligente, com jeito de quem está pronto para ir a uma pescaria.

Há a situação contrária: a da pessoa que parece ser supercompetente, por exemplo, e não é. Isso ocorre quando a pessoa sabe simular jeito de competência: roupas adequadas, postura, firmeza, mas não tem tanta qualificação quanto faz transparecer. Isso é ruim também, pois os outros poderão decepcionar-se com ela. Sócrates, em um de seus diálogos, disse que se o sujeito não for um bom flautista, não deve parecer bom flautista, pois vai decepcionar duplamente, já que os outros logo descobrirão que não toca bem e ainda passará por impostor (o que é pior que ser apenas um mau flautista).

Considerando aparência e realidade, temos quatro possibilidades:

Figura 2 Pessoa Real × Imagem

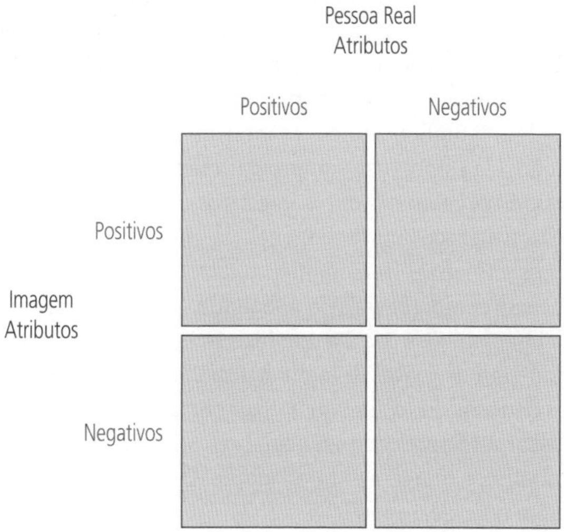

> *Pessoa real com atributos positivos e imagem com atributos positivos* – Eis a situação ideal de alguém que é efetivamente profissional, que zela para manter sua competência e também uma imagem adequada. Essa pessoa provavelmente não se passa por aquilo que não é, não "vende" qualidades que não tem, mas não deixa de projetar as qualidades que efetivamente possui em suas condutas, na roupa, nas conversas etc.

> *Pessoa real com atributos positivos e imagem com atributos negativos* – Essa pessoa está provavelmente perdendo oportunidades. Como tem algo bom a oferecer, é possível que, com o passar do tempo, os outros percebam suas boas qualidades. Entretanto, nem sempre as relações profissionais duram tempo suficiente para essa percepção – e a imagem negativa passa a prevalecer, como definição da pessoa. Ademais, os outros tendem a ra-

ciocinar assim: "Fulano é competente, mas não é a pessoa certa para a posição X, Y ou Z, porque não cuida da imagem." As pessoas sensatas, evidentemente, sabem que a imagem é importante para qualquer cargo.

➢ *Pessoa real com atributos negativos e imagem positiva* – Essa situação tende a durar pouco, pois logo as pessoas acabam descobrindo quem realmente é aquele ou aquela profissional. Alguns conseguem até enganar durante um longo tempo, principalmente se vivem em meio menos crítico, mas sua posição é frágil. É melhor nunca ter imagem superior ao que se é realmente – e esforçar-se sempre para ser melhor na essência.

➢ *Pessoa real com atributos negativos e imagem negativa* – Essa pessoa merece uma "reengenharia". Precisa, provavelmente, se reposicionar profissionalmente, achando para si uma área em que sua competência seja adequada – e precisa também cuidar da imagem. Se a pessoa tem histórico de atos de desonestidade ou de falhas graves, é melhor trabalhar para combater os efeitos danosos disso. Isso quer dizer entrar no caminho adequado: buscar a efetiva competência, honestidade, profissionalismo e trabalhar a imagem paralelamente. O tempo poderá redimir alguém que "derrapou".

Resumindo: é importante que a pessoa se esforce para ser competente, séria, ética, produtiva, profissional e também para parecer que tem tais atributos.

→ O QUE "DERRUBA" A IMAGEM

Um raciocínio simples e eficaz: o que "derruba" a imagem de uma pessoa são os seus comportamentos e estes podem ser gerenciados. Então, gerencie os comportamentos de tal maneira que eles projetem uma imagem de competência e profissionalismo.

Exemplos de comportamento que resultam em imagem negativa:

➢ Postura negligente ou desatenta no trabalho.
➢ Fala descuidada, com erros de português, linguajar vulgar.

- Comportamento mal-educado em geral: portar-se à mesa de modo errado, falhas nos cumprimentos, inobservância das regras de precedência.
- Promessas não cumpridas.
- Aceitação de trabalho para o qual não se tem a necessária qualificação.
- Roupa inadequada, sapatos mal engraxados.
- Vícios de todos os tipos.
- Carro malcuidado.
- Comportamento sexualmente inapropriado.
- Tentar ser "esperto", usar expediente, aplicar pequenos golpes.
- Má vontade expressa.

→ CUIDADO COM AS MÁS LÍNGUAS

A maledicência, infelizmente, existe e faz parte da vida profissional. O mais competente dos profissionais poderá ser vítima de boatos, difamação, opinião desairosa injustificada etc. Pior: usualmente esse tipo de comunicação negativa se dá no plano informal e invisível. É necessário criar salvaguardas contra esse tipo de maledicência que poderá trazer prejuízos à imagem, eventualmente sem que a pessoa perceba.

Algumas medidas salutares contra a informação negativa:

- *Conscientize as pessoas importantes de seu relacionamento de que só você fala em nome próprio.* Muitas vezes, pessoas maldosas falam pretensamente em nome de terceiros, comprometendo a imagem desses.
- *Fique atento ao fluxo de informações e às dicas eventuais que de um ou outro apresenta, de modo indireto.* Pegue qualquer dica como motivo para buscar informações e esclarecimentos. Por exemplo: a secretária do departamento insinua ao chefe que determinado trabalho foi feito por Fulana. Pode ser que ela estivesse querendo testar o chefe ou, pelo contrário, que estivesse querendo iniciar uma conversa sobre a relação deste com essa Fulana. Talvez haja boatos de que há "algo" entre o chefe e Fulana. Assim, quando a secretária deu a dica, o chefe alerta começou

uma discussão aberta e clara sobre Fulana, conversa essa que criou condições para os devidos esclarecimentos.
- *Cuidado com os rótulos*. As pessoas às vezes rotulam outras. Eventualmente, um rótulo negativo começa a ser repetido no ambiente de trabalho e, se o rotulado não tomar as providências devidas, isso pode se tornar permanente. Por exemplo: as pessoas começam a falar que Sicrano é supertranquilo, folgado (no bom sentido). Se ele não cuidar de buscar uma revisão positiva desse rótulo, poderá assumi-lo, o que poderá ser prejudicial à sua imagem no futuro. Todas as vezes que alguém falar que ele é "tranquilo, folgado", ele pode dizer: "Sim, o importante é agir sem afobação, mas na hora certa e com eficiência." Com o passar do tempo, a mensagem contrária neutraliza a negativa.
- *Fique atento aos sinais não verbais do grupo* – As coisas negativas frequentemente são ditas por meio da comunicação não verbal porque as pessoas querem evitar conflito. Assim, fique atento aos sinais não verbais emitidos por membros do grupo e reaja sempre que verificar que sinais negativos estão sendo emitidos.
- *Peça esclarecimentos* – Sobre comunicações ambíguas, sobre insinuações, sobre sinais não verbais desabonadores. Com isso, abre-se oportunidade para uma conversa séria e esclarecimento.

→ APARÊNCIA ADEQUADA

As imagens contam muito no mundo midiático[1] em que vivemos. Gostando ou não, a pessoa precisa apresentar-se dignamente vestida para os trabalhos pretendidos. Isso requer investimento financeiro em roupa e acessórios (bolsa, pasta, caneta, porta-cartões etc.). Igualmente precisa investir em cuidados com cabelos, dentes, pele etc.

Além de investir o suficiente, é necessário fazer compras certas. Isso costuma ser mais difícil que se imagina, principalmente para os homens, que, com frequência, não têm noção de combinações, adequação etc. O homem tende, muitas vezes, à negligência com a

---

1. Mundo em que a mídia exerce alta influência sobre opiniões e comportamentos.

roupa, um erro que pode lhe custar caro. Vale a pena pedir opiniões e até profissionalizar as escolhas, quando se trata de cargos elevados.

As mulheres têm uma dificuldade adicional: a maioria se julga capaz de fazer escolhas na área de vestimenta e aparência. Com isso, falta humildade para buscar ajuda. Quem puder profissionalizar as escolhas, tanto melhor; quem não puder, pelo menos é conveniente aconselhar-se com colegas de bom gosto e profissionais da área, como o pessoal de vendas de boas lojas.

Por fim, a pessoa precisa deixar de lado o gosto de expressar-se com a roupa. Isso pode ser feito – nas horas vagas, fora do trabalho. No ambiente de trabalho o que conta é a discrição e a adequação. No caso dos homens, ternos "diferentes", camisas espalhafatosas, roupa "jovem" podem revelar-se escolhas desastrosas. No caso das mulheres, roupas do tipo "sexy", que "valorizam o corpo", que chamam a atenção, igualmente são escolhas inapropriadas.

Promovendo-se

Os mercados modernos são caracterizados pela intensa concorrência, qualquer que seja a área de atuação. Pode-se tomar como certo que sempre haverá oferta suficiente de pessoas qualificadas para os diferentes tipos de trabalhos ou ocupações. O profissional, seja um autônomo, um empreendedor ou funcionário de uma empresa, tem de ter suficiente visibilidade, para tornar-se elegível para as oportunidades. Do ponto de vista estritamente mercadológico, quem não é visto não existe – e o profissional que tem muito a oferecer subutilizará sua qualificação, caso adote uma conduta exageradamente discreta ou tímida.

Para muita gente não é nada agradável a ideia de buscar projeção, ir para os holofotes. Infelizmente não é uma questão de gostar ou não, mas de necessidade. Então, gostando ou não, é preciso buscar visibilidade suficiente.

→ APARECER DE MODO CERTO

Aparecer, ganhar visibilidade, é necessário, mas não suficiente. A visibilidade simplesmente permite que os agentes de mercado percebam a existência da pessoa, mas juntamente com essa percepção vem um julgamento. Se a pessoa aparecer de modo inadequado, essa visibilidade vai, naturalmente, jogar contra ela. Assim, primeiro é necessário aparecer do modo certo, isto é, transmitindo uma imagem de credibilidade. Entretanto, isso também não basta, pois credibilidade não cria necessariamente interesse: é fundamental acrescentar atratividade nos atributos da imagem.

Figura 1 Tripé da Promoção Profissional

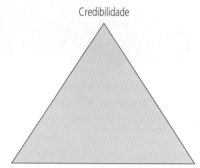

A promoção profissional é baseada no tripé:

- *Popularidade* – Popularidade aqui não é entendida em termos absolutos, mas em função do grupo-alvo, das pessoas que poderão ter influência direta ou indireta na carreira. A pessoa precisa aparecer o suficiente para os agentes chave de seu mercado-alvo. Se ela está dentro de uma empresa, deve aparecer o suficiente para pares e superiores hierárquicos; se está no mercado atuando como autônoma ou empreendedora, necessita aparecer para clientes potenciais e outros agentes relevantes, como possíveis parceiros.
- *Credibilidade* – Credibilidade é a qualidade da pessoa em quem se pode confiar, acreditar. Tem um enorme peso sobre a escolha profissional, evidentemente. Ninguém em sã consciência, tendo opção, escolhe os serviços de um médico, advogado, contador ou engenheiro não confiável. Como mencionado, atributos como esse (credibilidade) provêm daquilo que a pessoa efetivamente é e também da imagem, aquilo que parece ser. Então, é necessário aparecer, mas desde que a visibilidade esteja associada a atributos de competência e profissionalismo.

> *Atratividade* – Por fim, há pessoas que são confiáveis, mas não elegíveis. A elegibilidade provavelmente surge da simpatia e do interesse. As pessoas preferem ligar-se (oferecer oportunidades) a gente simpática, alegre, otimista e agradável. E as pessoas buscam, ao mesmo tempo, modos de atender a suas próprias necessidades; assim, aqueles que se mostram capazes disso tornam-se mais atraentes. Para atingir o interesse das pessoas, é necessário que o discurso do profissional "venda" soluções boas para os problemas.

→ **O QUE LEVA À POPULARIDADE**

Evidentemente não há nada melhor para a popularidade que realizar algo de grande valor para a sociedade – inventar algo, apresentar desempenho excepcional em uma tarefa relevante etc. Quantas pessoas têm condições ou oportunidade de produzir um grande feito? Para aqueles que não são abençoados com essa graça, o melhor é buscar formas de exposição mais modestas, voltadas para as atividades do dia a dia.

Eis alguns exemplos de ações que podem contribuir para a ampliação da visibilidade:

> *Participe ativamente* – Participar ativamente é estar presente, envolver-se com a tarefa, compartilhar, interagir. Por exemplo: na reunião, não se furte a dar sua opinião; afinal, para que está ali? Ir a encontros profissionais, fazer parte de comitês, marcar presença em eventos sociais – eis o caminho.
> *Faça comunicações públicas* – Havendo possibilidade, escreva artigos, faça palestras, integre mesas-redondas, dê entrevistas.
> *Use suas conquistas como instrumento de aproximação* – Por exemplo, a pessoa acaba de concluir um curso de MBA e fez uma monografia de assunto do interesse da empresa em que trabalha. Ora, não custa imprimir um exemplar e ir levá-lo ao chefe. O gesto significará interesse por ele e pela empresa, além do que transmitirá uma informação importante: – Fulano terminou o MBA e tem interesse no assunto X (da monografia).

- *Aceite tarefas desafiadoras* – Essas têm visibilidade. Dentro da sua qualificação e com uma comunicação clara com os interessados na tarefa, assuma os desafios.
- *Busque atividades paralelas que ampliem os contatos* – Por exemplo, o esporte amador liga as pessoas a grupos maiores, dá visibilidade em áreas que poderão relacionar-se direta ou indiretamente à de interesse maior.
- *Tome a iniciativa* – Pessoas comunicativas, que tomam a iniciativa na emissão de estímulos interativos, são mais notadas. Isso vale para cumprimentos, para início de conversação e para a busca de colaboração mútua. Com educação e elegância, a aproximação ativa sempre traz bons frutos.

→ O QUE DÁ CREDIBILIDADE

A credibilidade está atrelada, principalmente, às questões com que a pessoa se envolve, com seus interesses, com sua postura e seu histórico. Envolver-se com questões de trabalho, de bem público, de progresso, de busca de alternativas, de serviço à comunidade só pode resultar em imagem de pessoa em quem se pode confiar.

Quanto aos interesses, ter interesse por questões ecológicas, pela economia e distribuição de renda, por educação, igualmente traz pontos positivos. Adotar uma postura de pessoa séria, que deseja ser competente, que respeita os outros e as instituições também contribui decisivamente para a credibilidade.

Por fim, um histórico limpo e voltado para tais temas – eis a receita. Alguns exemplos de itens que propiciam ampliação da credibilidade:

- É necessário aparecer, buscar a popularidade, mas procure aparecer apenas quando e do modo que isso se justifique. Evite a superexposição de sua imagem e a aparição exagerada, que transforma você em "papagaio de pirata" ou "arroz de festa", gente exibida, pois isso arrasa com a credibilidade de qualquer um.
- Evite a precipitação, a fala impensada e o julgamento superficial.
- Evite falar sobre assuntos que não entende.

- Pense dez vezes antes de cometer qualquer deslize ético, por menor que seja.
- Não acredite na esperteza, pois quaisquer truques, expedientes, manobras ou atos maliciosos são facilmente percebidos pelos outros.
- Não se furte a fazer o certo, mesmo quando isso não é agradável. Credibilidade não combina com comportamento evasivo e hedonista.
- Mantenha as piadas, as brincadeiras e as espontaneidades sob controle. Tudo isso representa sério perigo. Não se trata de ficar carrancudo, mas de manter-se alerta para não derrapar em uma atividade dessas.
- Deixe o ego de lado e não faça propaganda em causa própria. Pessoas que falam muito de si perdem a credibilidade.

→ O QUE DÁ ATRATIVIDADE

Atratividade é a capacidade de atrair a atenção e o interesse dos outros. Assim o principal caminho para a atratividade é a *empatia*, isto é, sentir e perceber como os outros sentem e percebem. Se a pessoa é capaz de "entrar na alma" do outro e perceber que motivações, interesses e sentimentos ali estão, ela pode comunicar com profundidade e alto impacto. Assim, para ampliar a atratividade, é importante buscar o conhecimento do outro: quem é ele, quais suas dificuldades, quais são seus interesses maiores, o que explica seu comportamento etc.

Alguns exemplos de modos de agir que resultam em maior atratividade:

- Falar aquilo que emocionalmente interessa ao outro.
- Mostrar compreensão genuína (não necessariamente concordância) do ponto de vista do outro.
- Apresentar coisas positivas, que contribuam para a solução dos problemas ou para melhoria da qualidade de vida.
- Apresentar-se de modo descontraído, afável e educado.
- Mostrar abertura para a aceitação do outro.

Divirta-se enquanto trabalha

O trabalho pode ser fonte de alegria e realização ou tortura pura e simples. Todas as vezes que reflete mais a segunda opção, há algo errado e isso não vai trazer resultados positivos a médio e longo prazos. Quando o trabalho vira sofrimento e dor, é necessário que um sinal de alerta acenda em sua mente, indicando que é preciso mudar.

Sempre procurei fazer uma pergunta de teste para as pessoas: você usualmente está feliz na segunda-feira, quando está indo para o trabalho? Se a resposta for positiva, ótimo, é sinal de que as coisas vão bem. Se a resposta for negativa, isso deve acender o sinal de alerta. O ambiente de trabalho é o que você efetivamente deseja? Você gosta do trabalho que faz? Está feliz na profissão? Na empresa ou na atividade por conta própria? Está gostando de si mesmo(a) como profissional?

Se algo não vai bem, siga a Lei de Murphy, que diz:

➤ "Mais vale um fim terrível que um terror sem fim!"

Isto é, calcule bem, assuma os riscos e mude. Toda mudança, naturalmente, vai trazer dificuldades e desafios, mas o caminho da acomodação é sempre a pior alternativa.

É fundamental que você experimente prazer no trabalho. Ele é uma dimensão importante da vida, à qual dedicamos boa parte do tempo. Tem que ser divertido. Divirta-se!

Este livro foi impresso pela Bartira Gráfica e Editora S.A.,
em papel *offset* 70g/m² no miolo e cartão 250g/m² na capa,
para as editoras Senac Rio de Janeiro e Cengage Learning,
em dezembro de 2013.